나의 유토피아

나의 유토피아
Mon Utopie

알베르 자카르 지음 | 채계병 옮김

이카루스미디어
ICARUS MEDIA

나름대로 생각하고 있는 유토피아를 제시하는 것이 하나의 의무인 나이가 되었다. 앞으로 오게 될 시대는 나에겐 한결같이 아득해 보인다. 몇 세기 후이건 몇 십 년 후이건 내가 살아갈 수 없는 시간들이기 때문이다. 얼마 남지 않은 시간을 불안과 회한으로 낭비하기보다는 친구처럼 받아들여야 할 나이다.

현재의 제약이나 지난날의 완고함에 구애받지 않고 바람직한 미래에 대해 생각해 볼 때다.

바람직한 미래를 제시해야 한다는 의무감은 내 고유한 삶의 경험과는 전혀 다른 주장들 때문이다. 우리의 운명은 중대 기로에 놓여있다. 정치 지도자와 보통 사람들 모두 최악에 이를 수도 있는 혼란에 빠져 있다는 사실을 의식하고 있다. 문제는 바로 우리 인류 자체의 존속 여부이다. 인류는 우연한 핵 사고로 갑자기 사라질 수도 있다. 인류는 문제를 인식하지 못함으로써 서서히 스스로 파괴되어 갈 수도 있다. 인류가 생존할 수 있는 조건들에 대해 다시 생각해볼 때이다. 과거의 교훈들은 재해석되어야 하며 우리가 합리적이라고 생각하는 것들의 근거에 대해 다시 생각해 보아야 한다. 누가 보기에도 분명했던 것들이 이제 오류가 되어버렸다. 이해하기 쉽게 지구 자전에 관계없이 원래 방향이 유지되는 항해용 자이로스코프를 비유로 들어보자. 자이로스코프 회전자의 회전 관성은 자이로스코프가 고정된 방향을 변함없이 유지할 수 있게 해준다. 하지만 손끝으로 튕기기만 하면 모든 것이 뒤집어진다. 그때 자이로스코프의 반응은 역설적이다. 다시 말해서 자이로스코프에 북쪽으로 향하는 충격을 줄 경우 그것은 의도한 북쪽이 아니라 서쪽을 향하게 된다. 원인에 비례한 결과를 예상하게 하는 자연법칙은 모순된 것처럼 보인다. 이는 눈에 보이는 현상에 불과하지만 그래도 우리가 개입하고자 할 때는 그 점을 고려해야 한다.

인류 공동체는 자이로스코프보다 훨씬 더 복잡하다. 인류 공동체가 함께 가야할 길을 결정하기 위해선 흔히 단순한 생각에서 벗어나 행동할 필요가 있다. 그런데 인류가 선택한 방향이 재난에 이르게 할 뿐이라는 사실엔 누구나 공감하고 있다. 지구의 자원 파괴는 점점 더 빨라지고 있다. 지구 기후 변화는 뚜렷해지고 있다. 보다 형제애적인 인류에 대한 희망은 일반화된 회의주의에 봉착하고 있다. 절망적인 비관주의에 내맡겨야 할 것인가 아니면 그래도 새로운 방향을 제시해야 하는 것일까?

해답은 분명하다. 예정된 운명에 굴복하는 것은 하나의 범죄다. 자연적 제약들은 현재 잘 알려져 있다. 자연적 제약은 때로 가혹하기는 하지만 우리에게 큰 자유의 여지를 남겨주고 있다. 주어진 자유의 여지 속에서 우리가 무엇을 실현할 수 있는가 하는 것은 우리 자신에게 달려있다. 우리에겐 이상적인 국가를 계획하고 준비하기 시작할 권리와 의무가 있다.

자연적 제약 특히 지구의 종말을 향해 치닫고 있는 인간 사회를 고발하기 전에 우선 오늘의 현실을 분명히 묘사하고 일시적 결과인 오늘의 현실을 만든 흐름을 재구성해볼 필요가 있다. 그리고 미래의 현실을 건설하게 될 사람들, 오늘의 학교들 준비하는 사람들에게 호소할 필요가 있다. 그들은 나이 먹은 우리들보다 더 깊은 통찰력을 가져야 하며 자행되었던 오류를 의식하고 특히 인류 공동의 목표에 동참해야 한다. 미래가 진행되고 있는 곳은 학교다. 따라서 어떤 계획을 유기적으로 구성하려 해야 하는 것도 학교에 대한 것이다. 선택된 교육 시스템은 바로 미래 사회의 구조로 이어지게 될 것이다.

본질적으로 나의 유토피아는 교육에 관한 계획이다. 나의 성찰은 어쩔 수 없이 가르치는 선생이자 배우는 학생으로서 나의 고유한 인생 역정에서 비롯되고 있다. 따라서 미래를 검토하기 전에 내가 살아온 지난 날에 대한 이야기로 시작하는 것이 유용할 것이다.

학교에서

 삶은 다양한 인생 역정으로 뒤얽히게 된다. 몇 가지 인격들이 서로 충돌하고 도전하고 보완하며 살아간다. 몇 가지 인격들은 상호 작용 속에서 매번 감히 '나'라고 말할 수 있는 존재를 나타내는, 규정할 수 없는 어떤 개성을 만들어 간다. '나'라는 개성을 만들어 가는 과정에서 각각의 인격은 고유한 길을 가는 동시에 상호작용을 하게 된다. 이 과정에서 한 사람 안에 내재되어 있는 서로 다른 인격은 다양하면서도 특이한 개성으로 형성되어 간다. 이렇게 형성된 개성은 이중인격이 아니라 서로 모순되는 것 같으면서도 조화된 인격으로 나타난다.

 자아를 형성하고 고유한 삶을 살게 하는 다양한 요인들을 하나씩 분리해낼 수는 없지만 그 중 하나의 흐름을 기준으로 삼고자 한다. 그것은 내가 평생 해왔던 '학교에 간다.'는 사실이다. 초등학생 어린이, 중학교 소년, 실업계와 인문계로 양극화되는 고등학생, 대학생, 대학교수 그리고 마지막으로 자율성과 책임감을 의식하는 시민으로 성장하는 과정이 이어진다.

　나의 일부인 각 단계의 인격은 단계에 따라 아주 다르게 행동했다. 그들은 대개 이미 주어진 길을 수동적으로 따라가는데 만족했다. 지시와 금기를 존중했으며 기존 단체에 들어가 그곳을 변화시키거나 개혁하려는 어떤 의지도 없이 순응해 편안히 생활하는데 만족했다. 때로는 이전에 만들어졌지만 잊혀지거나 고난으로 가득 찬 길을 가기도 했다. 그 길들을 재정의하면서 야기된 어려움들을 감수해야 할 때도 있었다. 드물기는 하지만 다른 사람의 삶이 전혀 닿지 않은 새로운 영역으로 모험을 감행하기도 했다. 또한 어떤 지침도 없이 미지의 영역을 향하여 갈라진 길에서 선택해야 하기도 했다. 내가 걸어왔던 이 길을 조심스럽게 재구성해보고자 한다.

| 학창 시절 |

　아주 오래 전 어린 시절을 회상할 때면 나는 늘 같은 일에 열중해 있는 나의 모습을 떠올리게 된다. 바로 독서하는 모습이다. 내가 독서에 미숙했었는지 아니면 조숙했었는지는 알 수 없다. 자의적일 수밖에는 없지만 조심스럽게 재구성해 떠올린 어린 시절의 독서 행위는 기억에서 지울 수 없는 흔적으로 남아있다. 독서는 내가 몇 가지 이야기 거리를 기억해 내고 삶이 펼쳐지기 시작하는 것을 의식하게 되는 출발점이 된다. 독서는 나에겐 내가 존재하고 있다는 것을 알고 있다는 기억과 함께하고 있다.

이전의 내가 갖지 못했던 무의 순간인 나의 개인적 빅뱅은 천체물리학자들이 우주의 빅뱅에 접근하기 힘든 만큼이나 떠올리기 어렵다. 우주의 최초 상태에 대해 정보를 얻고자 할 때 그래도 천체물리학자들은 과거엔 불가능해보였던 우주 최초 상태의 흔적들을 제공할 수 있는 인공위성을 보낼 수 있다. 고유한 시작 지점을 따라가는 관점을 갖기 위해서 나는 인공위성과 같은 도움을 기대할 수 없으며 유일한 수단은 나의 기억력이다. 나는 늘 인쇄된 것에 대한 매력에 사로잡혀 독서에 빠져 지냈던 어린 시절을 분명하게 기억하고 있다.

독서에 대한 욕구는 이후로 확장되었으며 아마도 악화되었다고 말해야 할 것이다. 독서에 대한 욕구는 식욕만큼이나 기본적인 것이 되었다. 낱말들 특히 쓰여진 글들로 나를 둘러싸고 있는 사물을 보게 되었다. 글은 실재 세계를 묘사할 수 있게 해주는 동시에 이 세계와 나 사이의 장애물을 높였다. 나는 현실 그 자체를 보기보다는 현실을 묘사하고 있는 글에 만족했다.

이러한 정신적 성향은 나의 유전자 속에 새겨져 있는 것일까? 아니면 나의 기억 이전 시기의 과정에서 일어난 사건들에 의해 자극받은 것일까? 이러한 정신적 경향은 본성에 따른 것일까? 아니면 나의 모험의 최초 순간들에서 비롯된 것일까? 분명한 것은 알 수 없지만 나의 정신적 성향이 타고난 것이라고는 믿지 않는다. 나의 힘으로 지속한 과정이 독서에 대한 욕구를 발전시켰고 그것은 즐거움을 배가 시켰다.

과거를 되짚어보면서 나는 유감스럽게도 평생 사물보다 글에 더 가까웠고 사물보다는 글에 의해 더 풍부해졌다는 사실을 확인하고 있다. 또한 불행하게도 글에 의해 풍부해지게 된 것은 사람들과 관련해서도 마찬가지다. 직접 대면한 사람들보다는 책을 통해 만난 인물들에게서 더 편안함을 느낀다. 종이와 잉크로 이루어진 첫 번째 장들과의 만남에서 나의 속도를 강요할 수 있고 문장을 뛰어넘을 수 있고 반대로 되돌아올 수 있으며 책을 덮기까지 한다. 살, 특히 말로 이루어진 사람들과의 만남에선 나 자신에 못지않게 상대의 흐름을 받아들여야 한다.

이상하게 시간의 선후가 뒤바뀌어 독서에 대한 나의 기억은

16

학창 시절의 기억보다 앞서 있다. 그렇지만 내가 읽기를 배운 곳은 학교였다. 흰 종이 위에 적인 글자들의 힘은 너무 매혹적이어서 그것들 이외에 다른 것에는 관심을 가질 수 없을 정도였다. 어린 시절 받았던 수업들과 관련된 이미지들은 전혀 기억이 나지 않는다. 나에게 학교에 가는 것은 큰 의미가 없는 일종의 의식처럼 보였다. 학창 시절의 일화들은 가족과 함께 했던 일들에 비해 그다지 중요하지 않다. 학교에 다니기는 했지만 즐거움이나 열정을 느낄 수 없었으며 흥미조차 가질 수 없었다. 친구들은 거의 기억이 나지 않으며 반면 누이 그리고 형제들과의 관계는 따뜻하고 친밀했다. 삶의 본질적인 것이 펼쳐진 곳은 누이 그리고 형제들과 함께한 집에서였으며 내가 장난을 치고 특히 책을 읽었던 곳은 집이었다.

아버지께서 프랑스 중앙은행 지점에서 일하셨기 때문에 내가 태어난 리옹에서 마콩, 수아송, 그레이로 이주했다. 나는 이사할 때마다 새로운 중학교로 전학을 했고 수업을 옮겨 다니는데 만족했다. 당시 학업 성적에 대한 강박관념은 오늘에 비해 그다지 강렬하지 않았던 것처럼 보인다. 차라리 형편없다고 해야 할(당시 나의 성적은 하위권에서 맴돌고 있었다.) 성적이었지만 유급당할까 봐 걱정하거나 나쁜 성적표 때문에 처벌받은 기억은 없다.

몇 년간의 수아송 생활에 대한 가장 분명한 기억은 중학교가

17

아니라 시립 도서관과 관련된 추억이었다. 종이와 밀랍 냄새가
은은하게 풍기는 평화로운 정적 속에서 소설 속 모험들을 만끽
하고 특히 백과사전 속에 펼쳐진 우주의 모든 비밀들을 깊이 이
해하는 행복감에 젖어 도서관에서 나의 자유로운 매 순간들을
보냈다. 도서관 덕분에 중학교보다 더 큰 세계로 나아갈 수 있
었으며 나에게 중요하게 여겨졌던 문제들에 대한 어떤 해답을
찾을 수 있었다. 중학교에선 내가 어떤 흥미도 느낄 수 없는 문
제들에 대한 해답을 배워야 했으며 학교 수업이 전달하는 지식
에는 전혀 흥미를 느낄 수 없었다.

2학년 때 학업 성적에 의욕을 느끼게 된 이유를 기억할 수 있
다. 나의 입장에선 학교생활에 대한 진정한 변화를 필요로 하고
있었다. 어떻게 동기를 부여받아야 할지 알 수 없었지만 내가
열망했던 변화는 우연한 계기로 시작되었다. 1941년 아버지의
임지가 '점령지역'인 수아송에서 '금지지역'인 그레이로 옮겨
졌다. 독일 점령군이 규정한 두 지역 간의 경계는 견고하지 않
았지만 한 지역에서 다른 지역으로의 연락은 어려웠다. 나는 학
생 생활기록부 없이, 과거 없이 규정되지 않고 그레이 고등학교
에 들어갈 수 있었다. 나는 다른 사람이 되기 위해 이 기회를 이
용했다. 내가 도착했을 때 "어떤 과목의 성적이 좋지?"라는 질

문을 받고 나는 "체육을 빼곤 모든 과목의 성적이 좋습니다."라고 대답했다. 선생님은 나를 믿었다. 따라서 나는 우등생이었다. 체육성적도 좋다고 말하지 않았던 것이 후회된다.

물론 나의 허풍을 책임지기 위해 엄청난 노력을 기울이기는 했지만 이를 계기로 자아실현을 위해 다른 사람이 나를 어떻게 보는가 하는 것의 중요성을 알게 되었다. 그레이 고등학교에서 나는 처음부터 우등생으로 분류되었고 선생님들은 나에게서 훌륭한 답안을 기대했다. 나의 답안들은 읽혀지기도 전에 우호적인 선입관의 혜택을 받았다. 나로서는 체면을 구기고 싶지 않았다. 사실상 거짓말이었던 애초의 답변이 시간문제에 불과하다는 사실을 입증해야했다. 사실 나는 '우등생'은 아니었지만 나는 우등생이 되겠다고 다짐하지 않을 수 없었으며 우등생이 되어갔다.

결국 나는 대입시험 이전의 2년에 대해 비교적 놀랄만한 기억을 갖고 있다. 물론 희귀한 신문들과 집에서 듣는 라디오 방송으로 당시 러시아 평원과 태평양에서 어떤 엄청난 사건들이 벌어지고 있다는 사실을 알고 있었지만 나는 빙산의 일각만 들을 수 있었다. 이해력의 깊이를 자극할 수 있는 것에 열정적으로 몰입해있었기 때문에 나는 당시 1940년 5월 패배로 프랑스가 항복했다는 사실을 포함해 당시의 세계적 혼란을 의식하지 못하고 있었다. 이러한 무의식은 적어도 당장에는 나의 인생 역정과 역사의 폭력 사이에 보호 벽을 세울 수 있는 이점을 갖고 있었다.

엄청난 지적 욕구로 고등학교에서 배울 수 있는 것은 모두 깨닫게 되었다. 그것은 대학자격시험 준비반인 초급 수학반 수업과 철학 수업이었다. 나는 두 가지 수업에 열정적으로 빠져들었다. 당시 행정상의 혼란 덕분에 나는 두 가지 전문 과정에 등록해 6월과 10월 두 차례 대학입학 자격시험을 치를 수 있었다.

아주 외딴 이 작은 도시에 학생들은 거의 없었으며 학년 당기껏해야 15명이었다. 당시 모두 이해력을 깊이 하고자 하는 욕망을 공유하고 있었던 것으로 기억한다. 우리는 당시 선생님들을 포함해 각자 자신들의 정보, 어려움, 이해력을 함께하는 즐거운 경쟁 분위기에서 고정관점에 얽매이지 않은 귀한 과학 잡지들에 열광하고 있었다. 우리는 다른 사람들을 이기는 것이 아니라 우리의 지적 욕망을 채우려 노력하면서 함께 발전하고자 했다. 대학 입학자격 시험은 열광적인 인생 역정에서 하나의 이야기 거리에 불과했다.

이러한 경험 이후에 당연히 대학진학을 위한 준비가 이어졌지만 '명문대 진학반'에 들어간 것은 나에겐 이중적이고 불쾌한 불연속성으로 기억되고 있다. 다시 말해서 지방의 평온함을

떠나야 했고 가정의 안락함을 버려야했으며 특히 새로운 강박
관념을 받아들여야 했다. 그것은 사실상 더 이상 이해하는 즐거
움을 간직하기보다는 마지막 경쟁에서 승리해야 한다는 단 하
나의 목적을 위해 다른 모든 것을 희생해야 한다는 것을 의미했
다. 마지막 경쟁에서 승리하기 위해선 모든 사상적 방황을 끝내
고 감동을 주는 것에 빠져들어서는 안 되었다. 또한 순응주의자
로 결정된 길을 따라가야 했으며 나는 순응주의자였다.

　고향을 떠나야 했던 충격을 완화하기 위해 나는 베르사이유
에 있는 생트-주네비에브 학교에 등록했다. '지네뜨'에서 보낸
2년에 대해 나쁜 기억은 갖고 있지 않다. 그곳의 예수회 수도사
들은 '명문'으로 일컬어지는 다양한 학교의 입학시험 준비에
전문화되어 있었다. 그들의 교수법에 대한 평판도 널리 알려져
있었다. 경험에 따르면 이 분야에서 널리 알려진 그들의 성공은
학생들에게 공부 이외에 다른 여지가 없는 조건을 만들어 준다
는 점을 제외하면 어떤 비결이 있는 것 같아 보이지 않는다. 성
공을 희망하게 할 수 있는 지식수준의 증가로 점철되는 시험만
으로 하루하루 그리고 한달 한달의 계획이 잡혀있을 뿐이었다.

　1943년과 1945년 사이에 몇 가지 극적인 사건들이 사람들
의 운명을 뒤바꾸어 놓았지만 '프랑스 명문 이공과 대학입학
시험 준비 학생'이었던 우리는 이러한 혼란에 전혀 영향을 받

지 않았다. 단지 복도에 게시된 신문을 읽고 그런 사건들을 알고 있었을 뿐이고 식량과 난방부족으로 일어나고 있는 일들을 막연하게 의식하고 있었다. 우리들의 관심사는 세계적인 것이 아니었다. 내가 속해 있던 많은 학생들의 관심사는 좋은 직업을 약속해 줄 것으로 생각한 시험 준비에 제한되어 있었다. 사실상 유능한 교사들에게 세계 문제에 대한 자기 학생들의 이해력 결함은 전혀 문제가 되지 않았으며 그들의 유일한 목적은 선발 시험 결과가 자신들의 선발과 교육 전략이 효과적이라는 사실을 증명하는 것이었다.

'명문대 입학시험 수학 준비반'이라는 단어는 현재까지도 대부분의 프랑스 명문 고등학교에서 지네트에서와 똑같은 방식으로 적용된 이 방법을 잘 묘사하고 있다. 그것은 닥쳐 올 인간적 현실을 무시하고 일시적으로 맹목적이 되어 자신의 에너지를 개인적 성공에 모두 쏟아 부을 수 있어야 한다는 것을 의미한다. 20대의 엄청난 에너지는 급격한 성장을 가능하게 하지만 올바른 방향의 선택을 보장하지는 못한다.

유감스럽게 진정한 목표였던 프랑스 문과 최고 명문인 고등사범학교 구술시험에 떨어지고 나는 적어도 인기도가 첫 손가락에 꼽히는 파리 이공과 대학에 입학했다. 하지만 파리 이공과 대학은 특히 과학 교육 기관으로서 군이 운영하며 학생들에게 군복을 입히는 이상한 특징을 가지고 있었다. 나는 세계에서 정당화하기 어려운 이런 이상한 다른 예들이 있을 것이라고 생각지 않는다. 어떤 명목으로 이 학교는 미래의 연구자, 엔지니어나 기업 관리자에게 대혁명 기념일인 7월 14일 행렬 때 칼을 차고 당당한 모습으로 행진할 것을 요구하는 것일까? 이러한 관행은 사실상 나폴레옹으로 거슬러 올라가는 역사적 잔재와 관련이 있다. 과학의 진보보다는 자신의 승리와 군사적 영광에 도취한 나폴레옹 황제는 1794년 국민의회가 설립한 민간 학교를 군사학교로 전환했다. 그런데 5공화국은 왜 제1제정의 선택을 존중해야 한다고 생각했을까? 이러한 비정상적인 것의 존속은 우리 사회가 외부 세계의 변화를 고려하지 못하고 있다는 사실을 보여주고 있다.

'별난 요소' '비정상적인 것'이라는 말론 분명 부족하다. 그것은 공공연히 복종하는 태도이다. 20대에 복종하는 태도는 바람직한 특징은 아니다. 나는 동기생들과 함께 두 번 샹젤리제에서 행진을 했다. "행진하는데 뇌는 불필요하며 척수로 충분하다."라는 아인슈타인의 지적이 떠올랐기 때문에 어떤 거북함을 느꼈던 것으로 기억한다.

사실 나의 학창시절에 이미 군 무력시위에 파리 이공과 대학이 허비하는 시간은 아주 제한되어 있었다. 따라서 학교 교육

수준이 그런 행사 때문에 낮았다고 할 수는 없다. 그렇지만 학교 교육 수준은 대단하지 않았다. 물론 많은 교수들이 명망 있고 자기 분야의 엘리트에 속하긴 했지만 그들은 모여 있는 입학 동기생들 앞에서의 강의만을 맡았다. 그들과 학생들 사이엔 어떤 접촉도 없었다. 대학입학 수학준비반에서 수년을 무미 건조하게 보낸 후 대다수의 신입생들은 현실을 재발견할 필요를 느낀다. 미래의 직업을 생각하고 '우등으로 졸업'(말하자면 국영 엔지니어 단체의 일원이 되는 것)하고 싶은 사람들만이 시험을 진지하게 받아들였다. 그 밖의 학생들에게 '명문 이공과 대학 졸업생'이라는 성공이 보장된 졸업장은 어쨌든 획득된 것이었다. 따라서 자신의 지식을 심화하기 위한 노력은 불필요하게 된다. 그들은 내가 후에 탁월하다는 것을 알게 된 복사된 강의 노트를 제본하는 것으로 만족한 채 읽지는 않았다. 학업보다는 겉치레뿐인 활동이 훨씬 더 큰 비중을 차지하고 있었다. 졸업생이 초대되는 '학교 축제'를 준비하는데 수주가 허비되었다. 옛날 기억은 여기까지다. 모든 것이 변한 것처럼 보인다. 분명 나는 내가 알고 있는 것만을 말하고 있을 것이다.

| 교수로의 변신 |

명문대를 졸업한 나는 슈퍼마켓에서 파는 상품들처럼 원산지 증명이 갖춰져 능동적인 삶을 살 수 있는 양호한 등급으로 분류되었다. 하지만 오랜 세월이 지난 지금 나에게 명문대 졸업은 어떤 의미가 있을까? 나의 동기들이 1945년에서 1946년 겨울 독일에 점령군으로 파견되었던 몇 달이 불러일으킨 것을 제외하면 명문대 졸업에 어떤 의미를 찾는 것은 부질없는 짓이다.

사람들은 당시 당황스럽게도 우리가 아주 낙담한 사람들을 눈앞에 보게 되었다고 생각했다. 우리는 레지스탕스에 참여했던 몇몇 동기들을 제외하면 우리가 참여하지도 않은 전쟁의 무시무시한 결과를 처리해야 했다. 우리는 승리한 진영에 참여할 기회를 가졌다. 당연히 희망하긴 했지만 어떤 역할도 하지 못한 우리가 확인한 극적인 결말이었다. 어떤 낭패감이 느껴졌다. 나는 역사의 변화 속에 있었을 뿐이다. 이러한 확인된 사실은 대학에서의 어떤 강의보다도 나에게 더 많은 것을 생각하게 했다.

이어 매년 받는 졸업생 명부로만 명문 이공과 대학과의 관계가 이어졌다. 내 이름이 기재된 이래 변치 않는 이 두툼한 부피의 명부는 암묵적인 목적을 드러내고 있다. 알파벳과 동기 순으로 분류된 목록 옆에는 거주지와 회사별로 졸업생들을 재분류

25

하고 있다. 이는 좋은 자리에 있는 동기들과의 접촉을 가능하게 한다. 따라서 졸업생 명부는 지방에서 길을 잃거나 미로와 같은 행정부 혹은 대기업에서 동기와 연락을 취할 때 아주 유용하다. "명문 이공과 대학 졸업장이 무슨 소용이 있습니까?"라는 질문에 나는 "졸업생 명부를 받는데 유용하죠."라고 대답할 것이다. 분명 지나친 농담이긴 하지만 내가 보기에 현실적으로 아주 그럴 듯한 답변이다.

게다가 이어지는 나의 학교생활의 일화들은 더욱 무미건조했다. 전매청 엔지니어 조직에서 제조부이외의 다른 부서에서 활동할 수 있다는 사실을 알게 된 나는 내가 관심을 가졌던 생물학 분야에서 공부를 계속할 수 있기를 희망하며 '우등 졸업생'을 선택했다. 불행하게도 규정에 따라 모든 엔지니어 단체는 미래 직업을 준비하는 것으로 생각된 응용학교를 설치해야 했다. 따라서 나는 2년 동안 교과목이 학생들이 진지하게 다른 것에 관심을 가질 수 없을 정도로 특히 취업을 목적으로 한 유명무실한 학교 수업을 따라가야 했다. 후에 노벨 경제학상을 받은 모리스 알레★ 교수가 강의한 열정적인 계량 경제학 강의를

★ **Maurice Allais 1911~.** 프랑스 경제학자. A.스미스의 『국부론(國富論)』에서 수립한 이론에 수학적 모델을 사용, 발전시켜 시장의 균형과 효율성을 정식화하였다. 그는 이 중에서 1차자원 재분배의 중요성을 밝힘으로써 프랑스 여러 국가독점기업에서 자원의 유효이용의 분석 등에 응용되었다. 1988년 『시장과 자원의 유효이용에 관한 이론의 선구적인 공헌』으로 프랑스에서 최초로 노벨경제학상을 받았다. 「블랙 먼데이」를 예측하여 화제가 되었다.

제외하면 잃어버린 2년이었다.

이어 오랫동안 나는 더 이상 어떤 학교도 가지 못했다. 놀랍게도 내게 맡겨진 담배, 성냥 전매 공사 책임자로서의 일에 흥미를 느꼈고 이어 열정을 느꼈다. 오늘날 정보 처리 수단의 전신으로 당시 사람들이 정보처리 센터라 불렀던 것의 설치였다. 이 일은 새로운 분야로 사고 영역을 넓힐 수 있는 일은 아니었지만 자료를 더 효율적으로 이용해 훌륭한 성과를 낼 수 있도록 하는 것으로 당시는 새로워 보였다.

이어 나는 보건부로 파견을 나갔다. 보건부에서 나는 경제 연구를 담당했다. 프랑스는 지연되었던 병원투자를 재개하기 시작했다. 예산 배분은 부서간의 토의로 결정되었다. 부서 간 토의에서 서민에게 현실적으로 필요한 것들은 늘 중요한 설득 수단이 아니었다. 정치적 주장 때문에 현실적인 필요가 뒤로 밀리는 복잡한 환경에서 돌파구를 찾을 준비가 되어 있지 않았던 나는 곧 나의 유일한 마키아벨리즘이 순진함에 불과하다는 사실을 깨달았다. 하지만 보이스카우트 소년의 전략으로 모든 계략을 피할 수는 없었다. 정원을 초과해 분명한 직무도 없는 2년간의 파견근무가 끝나갈 무렵 '광고에 난' 국립 인구통계조사 연구소에서 새로운 길을 찾았다.

할 일이 없었던 나는 대학으로 되돌아가라는 조언을 따랐다. 39살에 파리 Ⅵ대학의 유전학 과정에 등록하고 학생들의 변함 없는 통과의례인 연이어 이어지는 다양한 시험들을 보았다.

나는 당시 국립 인구문제 연구소 설립자들 중 한 사람인 장수터 박사와 친하게 지내고 있었다. 그 분 덕분에 나는 발전하고 있는 학문인 '수학적 유전학'이라는 집단 유전학을 접하게 되었다. 집단 유전학에 대한 견해는 사실상 상당한 수준의 수학적 도구 덕분에 발전할 수 있었다. 수학적 유전학은 의학 분야에서의 유전학처럼 개인이 아니라 개인의 총합인 집단에 주목하는 유전학 개념을 고려한다. 연구 대상은 집단 생물학적 형질이며 우리는 집단 생물학적 형질의 세대 간 유전을 분석한다.

그것이 바로 19세기 중엽 다윈이 윤곽을 잡아 이후의 발견들을 고려해 재정립할 필요가 있는 종 진화의 문제이다. 그것은 생식 과정의 본질을 밝힌 멘델의 문제 혹은 최근 DNA분자의 역할을 분명히 한 크릭과 왓슨의 문제이다.

멘델이 기여한 아주 혁신적인 공헌은 유전자 정보 전달에서 불확실성, 소위 우연의 역할에 대한 이해다. 따라서 원인이 되는 과정을 기술하기 위해선 확률적 추론 기법을 사용해야 한다. 이공과 대학 시험 준비반이나 명문 이공과 대학에서 이에 대한 수업을 듣기는 했지만 아주 부정확하게 기억하고 있을 뿐이었다. 연구에 새로운 활력을 불어넣는 최상의 방법은 이 주제에 대한 입문서를 저술하는 것이라고 생각했다. 때문에 나는 PUF 출판사에 아직도 이 출판사의 출판 목록에서 볼 수 있는 '확률론'인 『내가 무엇을 알고 있을까?』를 제안했다. 이 경우에 나는 과학 분야를 둘러보는 최선의 방법은 그것을 드러내 가르치고 그것으로 한권의 책을 쓰는 것이라는 사실을 입증했다.

내가 수학적 유전학 방정식에서 제어하려 애썼던 우연은 캘리포니아에 있는 스탠퍼드 대학에서 온 제안의 형태로 구체적이고 효과적으로 작용했다. 박테리아 '성관계'의 발견으로 노벨상을 수상한 조슈어 레더버그는 인간 집단 유전학의 개념을 분명하게 할 연구팀을 구성했다. 이 팀은 특히 세대 간의 출생율과 사망률에 관련된 어떤 특성들의 전달을 분명하게 하기 위해 연구 조사 자료를 이용하는 것을 목표로 했다. 팀이 결성된 후 미국은 10년마다 인간 집단 유전학에 대한 연구 조사를 진행했다. 따라서 이러한 모든 연구 조사는 인구통계학과 유전학을 결합하는 연구에 더 큰 가치를 부여할 수 있는 정보의 보물창고가 되었다. 인구통계학과 유전학 분야에서 교육을 시작한 나는 이처럼 윤곽이 잡힌 문제를 연구하는 임무를 맡았다.

이 경우에 미국 대학, 솔직히 가장 명망 있는 대학들 중 하나와 파리 대학들 간의 차이를 확인할 수 있었다. 프랑스 대학과 미국 대학의 차이는 자료 방법과 관련해 잘 알려져 있었었지만 특히 연구 프로그램의 유연성이라는 사고방식의 차이에 충격을 받았다. 연구 프로그램의 유연성은 내가 참여하게 된 프로젝트에서 분명하게 드러난다. 마지막 순간에 인구 통계조사 결과를 수집한 워싱턴 인구조사국은 스탠퍼드와 같은 사립대학에 통계조사 정보파일 제공을 거부했다. 결국 제휴수단으로 다른 영역에서의 이론적 연구와 수학적 유전학 개념 전체에 대한 개론 초안을 내가 맡기로 결정됐다.

이 제휴를 위해선 내가 프랑스인 수학자 구스타프 말레코가 제시한 생각을 부연하는 것으로 충분했다. 말레코의 연구를 설명하면서 생물학자들과 아직 거의 탐구되지 않은 유전학 특수 분과 분야를 정의하려 애쓰는 수학자들의 소규모 팀에 흥미를 가질 수 있었다. '개론'은 스탠퍼드의 많은 세미나에서 받은 자극으로 국립 인구 문제 연구소로 돌아와 성취한 오랜 노력의 성과와 관련이 있었다. 내가 단편적으로만 접했던 영역을 선회하는 것이었다. 여전히 가장 좋은 전략은 개론서를 쓰면서 그것을 가르치는 것이었다.

이 작업에서 주제 자체가 20세기 초가 되어서야 정해졌던 이 학과의 몇몇 노학자들의 도움을 받았다. 인간 집단의 특정 사례를 설명하는 것은 유전학과 인구 통계를 연결시킬 수 있는 이점이 있긴 했지만 나는 특히 인간 집단의 특정 사례에 대해 설명하는 것은 자제했다. 나는 이전 연구 전체를 기술하면서 계층보고서를 작성하고자 한 것이 아니라 확률적 추론을 체계적으로 이용할 수 있는 기본 기념들을 분명히 하려했다. 어쨌든 마송 출판사는 위험을 감수하고 방정식과 도표로 가득 차 난해한 이 텍스트를 출판했다. 물론 이 책은 첫 작품이었고 몇몇 미국인 유전학자들이 참신하다고 생각한 것은 당연히 이 책의 미숙함이었다. 그들은 책을 번역하겠다고 제안했고 뉴욕의 스프링거 출판사에서 출판되었다. 덕분에 나에 대한 프랑스인 동료들의 시각이 바뀌었다. 갑자기 미국에서 책이 번역되어 출판된 교수와 같은 비중을 갖게 된 것이다.

이에 고무된 나는 더욱더 접근하기 어려운 두 번째 책을 출판하게 되었고 이 책은 내가 알 수 없는 어떤 경로를 통해 베르나르 피보의 주목을 받게 되었다. 이 저명한 텔레비전 사회자는 내 책을 대충 훑어보고는 자기 책 소개 방송에 내보내려는 것이 아니라 나에게 이 텍스트는 130쪽짜리 긴 방정식에 불과하다는 점을 지적하려했으며 그 점에 대해 다음과 같이 비판했다. "이 책의 방정식에 어떤 메시지가 있다면 그 메시지를 받아들일 수 없게 책을 썼다는 데 대해 비난받아 마땅하다. 만일 이 책에 어떤 메시지도 없다면 쓸데없는 짓에 공연히 애를 쓴 꼴이다." 당연히 나는 메시지의 존재와 그 중요성을 확신하고 있었다. 따라서 나는 메시지를 읽을 수 있게 하기 위해 애썼고 방정식을 없앤 『차이에 대한 찬사 Éloge de la différence』라는 책을 썼다. 이 책은 출판사의 예상보다 많은 부수가 판매되었다.

원인과 결과의 급격한 방향전환으로 이 책은 저자의 진로에 예기치 않았던 결과를 가져왔다. 그것이 바로 새로운 길을 걷게 된 이후의 나의 인생 역정이다. 독자에서 저자로의 변신은 학생에서 교수로의 변신이라는 더 결정적인 변신으로 이어진다. 나는 결국 파리 Ⅵ 대학과 이어 제네바 대학에서 『차이에 대한 찬사』에서 논의한 주제의 본질을 가르치게 되었다.

중학교, 고등학교, 대학 입학시험 준비반에서의 수업은 하나의 만남이다. 이러한 만남은 당시 나에게 근본적으로 정의(定意)를 변화시켰다. 그 때까지 나는 강의실에 앉아 듣고 받아들이는 사람으로 만족했으나 이제 나는 교탁에 서서 말하고 제시해야 했다. 진리에 가장 근접한 비유를 하라면 그것은 수업을 하고 사랑을 하는 것과 유사하다는 사실을 알게 되었다. 흥분했다가는 녹초가 되어버리는 것이다.

최초의 경험에서 나는 본질은 담론의 내용이 아니라 말에서 유발되는 대화의 힘이라는 것을 알게 되었다. 대화의 힘은 쉽게 얻을 수 있다. 말하자면 다른 사람을 대할 때 열린 마음으로 현실에 부합되게 행동하는 것으로 충분하다. 그렇게 하기 위해선 대화의 상대를 범주화하지 말아야 한다. 중고등학생, 대학생, 조교나 교수에게 말하는 것이 아니라 단지 '인간 동료'들에게 말하는 것이다. 그렇지만 이러한 상황은 취약하며 바로 침묵하는 몇몇 청중이 자신들은 흥미를 느끼지 않는다는 것을 드러내기만 하면 시선을 주고받는 마법은 더 이상 작용하지 않게 된다. 흥미를 느끼지 못하는 청중이 있음으로써 이러한 '무관심'은 가르치는 사람의 주의를 끌며 가르치는 사람의 생각과 말의 관계를 단절시킨다. 가르치는 사람의 말은 이제 활기를 잃게 되고 의미 있는 말이 이어지지만 더 이상 힘을 가질 수 없게 되어 색깔은 유지하지만 맛은 잃어버린 냉동식품과 비슷해진다.

나는 지식을 과시하는 사람이 아니라 귀를 기울이는 사람, 이해력을 더욱 증진시킬 수 있는 논리적인 흐름을 제시하려고 노력하는 사람이 되고자 했다. 배우는 사람들처럼 가르치는 사람들이 인정하지 않지만 변함없는 목표는 시험에서 좋은 성적을 얻고 경쟁에서 승리하는 것이었다.

나의 태도는 좋은 성적을 얻어 경쟁에서 이기기 위한 목표와 거의 부합되지 않는다는 사실을 곧 확인하게 되었다.

브루세 시립병원 의과대학 1학년 학생들에게 집단 유전학의 기초 교육을 맡았을 때 아주 끔찍한 모순이 있음을 알게 되었다. 수년전부터 이 강의는 마지막 시험 때 거의 영향을 미치지 못하기 때문에 의례적으로 소란스러웠다. 학생들은 걱정 없이 이 강의에 만족하며 강의를 맡은 불쌍한 사람을 조롱하며 모욕을 가할 수 있었다. 나는 이런 사정을 모르고 있었고 사정을 몰랐기 때문에 이러한 전통에 종지부를 찍을 수 있었다. 모든 형태의 유전학, 특히 집단 유전학은 개인적 의문에 아주 밀접한 영역의 핵심을 제시하기 때문에 이 주제에 대해 강의를 듣는 학생들의 열기를 고조시키는 것은 쉬운 일이었다. 후에 나는 나의 첫 번째 강의에서 학생들이 나를 조롱하고 모욕할 준비가 되어 있었지만 그럴 기회가 없었다는 사실을 알게 되었다.

학생들이 나에게 다음과 같이 말했을 때 가르침이 헛된 일이 되어버리는 핵심적인 모순을 알게 되었다. "선생님 강의는 흥미로웠습니다. 우리는 선생님이 강의하신 것에 대해 연구해보고 싶지만 정신적인 여유가 없습니다. 선발 시험을 준비해야 하거든요." 그리고 사실상 게임의 규칙은 알려져 있다. 1학년에 등록한 약 300명 중에서 120명만이 2학년으로 올라갈 수 있다. 그들의 유일한 관심은 선발되는 것이다. 선발되기 위해선 싸워야 하고 다른 사람들을 물리쳐야 한다.

선발의 합리적 목적은 10년 후에 유능한 의사가 되는데 가장 적합한 사람을 찾아내는 것이다. 유감스럽게도 이러한 능력을 찾아내기는 불가능하며 따라서 선발은 의학과 전혀 관계가 없는 시험답안으로 결정되고 있다. 따라서 모든 것이 운명의 이끌림으로 믿고 있듯이 일어나고 있지만 아무도 이런 말을 하지 못하고 있다.

수년간 나는 공식적으로 경기의 규칙을 충실히 지키며 시험답안지에 점수를 매겨왔다. 이제 누구나 알고 있는 사실을 인정해야 한다. 학생들의 미래를 좌우하는 시험성적은 그들의 재능과는 아무런 관련도 없다는 사실이다. 나는 결국 슈뢰딩거★의 유명한 방정식을 이해하지 못하기 때문에(혹은 이해하는 것처럼 행동하기 때문에) 2학년으로 진급하지 못하게 하는 것을 정당화하면서 양심의 평안함을 유지하는 위선적 유희에 참여하지 않기로 했다. 이름만 써내거나 0점을 받아 마땅한 경우를 제외하곤 모든 답안에 같은 점수를 주었다.

당연히 나의 파격적인 행동이 동료 교수들의 입장에서는 곤혹스러웠겠지만 그래도 나는 제네바, 몬트리올, 루뱅-라-뇌브, 루가노에 있는 몇몇 대학에 교수로 초청받았다. 나는 강의를 담당해줄 것을 제안한 책임자들에게 나의 견해를 숨기지 않았다. 학생들이 흥미를 가질 수 있고 그것에 대해 연구하며 특

★ **Erwin Schrüdinger 1887∼1961.** 오스트리아 물리학자. 파동역학의 이론을 확립하였다. 그의 최대 업적인 파동방정식은 25∼26년에 만들어졌다.

히 의문을 갖고 질문하고 모두가 이해할 수 있도록 하기 위해 최선을 다 하겠지만 학생들에게 점수를 매기지는 않을 것이라고 말했던 것이다. 강의를 시작하면서 나는 흔히 동료 교수들처럼 내가 읽었던 시험답안에 대한 나의 의견을 요약한다고 생각하는 숫자를 결정할 수 없었다. 무수히 많은 경험을 되풀이 하면서 나는 결국 시험점수는 불합리할 뿐이며 시험점수를 매기는 행위는 선발에 기초한 교육시스템이라는 빅 브라더에게 백기를 드는 것이라는 사실을 알게 되었다.

이러한 사실을 깨닫게 된 날을 아주 정확하게 기억하고 있다. 그 날은 파리 Ⅵ대학 학생 15명에게 확률론 논증과 관련된 구술시험을 치르게 할 예정이었다. 내가 도착했을 때 학생들은 복도에서 초조한 모습으로 자신들의 노트를 되풀이해 읽느라 여념이 없었다. 그들은 운 좋게도 자신들이 공부했던 주제에 대해 질문받기를 기대하고 있었다. 규칙에 따르면 나는 학생들에게 각각 15분 동안 질문하는 것이었지만 어떤 목적에서 그렇게 한단 말인가? 그들에게 질문할 때 내가 평가하는 것은 내가 한 강의의 질이다. 그것은 모두 함께 공개적으로 하는 것이 더 바람직하다. 다시 말해서 학생들은 심사위원단 그리고 나는 증인이 되거나 심지어 피고가 되는 것이다. 결국 나는 학생들 모두를 들어오도록 했고 나의 수업에서 학생들 대다수에게 이해하지 못한 부분이 어떤 것인지 따라서 내년에 내가 개선해야 할 부분에 대해 토론하면서 몇 시간을 함께 보냈다. 뒤바뀐 역할을 통해 나는 모르고 있던 강의 중 불충분했던 나의 설명에 대해 분명하게 알 수 있었다.

논리적으로 나는 그들 모두에게 같은 점수를 주어야 했을 것이다. 그 날 나는 감히 그들 스스로 점수를 매기라고 요구할 수는 없었다. 다른 시험에서 이미 좋은 성적을 받은 학생들은 평균을 올리기 위해 확률론에서 좋은 점수를 받을 필요가 없었으며 따라서 그들은 나쁜 점수를 받았고 평균을 올릴 필요가 있는 학생들에게 좋은 점수가 주어졌다. 전체적으로 점수가 뒤바뀌었다. 시험점수를 웃음거리로 만들면서 나는 경기의 규칙을 존중하지 않았지만 그렇다고 내가 경기 규칙을 저버린 것일까? 수백 명의 학생들 중에서 10년 후 의사 생활을 하게 될 사람을 선발하는 것은 불가능한 일이다. 극단적인 경우를 제외한다면 족집게 점쟁이만이 답할 수 있다고 주장할 수 있을 것이다. 예를 들어 의사라는 직업처럼 앞으로의 다양한 성과를 결정하는 데 어떻게 몇 차례의 시험 답안이 충분한 정보가 된다고 할 수 있겠는가?

게다가 선발을 담당한 심사위원들도 이러한 임무를 수행하는 자신들의 능력에 대해 어떤 환상도 품고 있지 않은 것처럼 보인다. 그들의 주된 관심은 배제된 학생들의 항의를 피하는 것이기 때문이다. 따라서 심사위원들은 채점이 객관적이라고 추정하고 과학적 주제라는 고상한 중용을 내세우며 시험들 뒤로 숨는다. 그렇지만 의술을 시행하는 능력은 물리학 방정식과는 아무런 관계도 없다.

"누가 2학년으로 진급할 만한 자격이 있는가?"라는 질문에 대한 해답은 경쟁시험이 아니라 평가에 의해 주어지게 될 것이다. 120명의 '더 낳은 사람들'의 일부가 될 사람을 지명하는 것이 아니라 누가 유익하게 다음 해 수업을 따라갈 수 있는지를 검증하는 것이다. 이러한 평가는 의사업계가 필요로 하는 숫자 이상으로 의사가 되고자 하는 학생들의 수를 늘릴 수 있다. 그때 문제는 앞으로 필요로 하는 의사 숫자와 사회에 배출되는 의사들 숫자 간의 불일치를 바로잡는 것이다.

무엇보다 예측이 매우 부정확하다는 사실에 주목해야 한다. 경험적으로 예측은 현실과 전혀 일치하지 않는다. 그런데 이러한 긴밀한 결합은 전혀 필요치 않다. 우리나라처럼 부유한 나라에선 오히려 여러 가지 경험을 할 여유를 주는 것이 바람직하다. 미래의 법관이나 행정관, 건축가가 1, 2년 동안 의학을 공부하거나 반대로 미래의 의사가 1, 2년 정도 물리학이나 철학 강의를 듣는 것은 단기적으론 '공부한 보람'이 없는 것으로 보이지만 시간 낭비는 아니다. 서로 다른 인생 경로를 탐구하는 것은 예상치 못한 이해력의 원천이 될 수 있다.

| 그리고 시민으로 |

베르나르 피보가 지나치게 많은 방정식 때문에 읽을 수 없게 된 책에서 간파한 '메시지'는 분명하지는 않지만 당연히 존재하고 있다. 『집단 유전학의 개념』이라는 분명하지 않은 제목에도 이 책은 이중적 근거를 고려해 인간에 대한 정의에 관한 성찰과 관련되어 있다. 한편으로 인간에게 본성을 부여하고 대상인 개체가 되게 하는 유전적으로 물려받은 부분과 다른 한편으로 자신의 운명이 속하고 자신을 주체인 개성을 가진 사람이 되게 하는 모든 사회적 기여가 그것이다.

예기치 않게 나는 시민에 대한 우리의 시각이 좌우되는 근본적인 정치 논쟁의 중심에 휘말리게 되었다. 미국에서 시작된 활발한 논쟁은 당시 IQ측정을 근거로 백인의 지능이 흑인의 지능보다 뛰어나다는 것을 증명한 사람들이 발단이 되었다. 나는 유전학에 근거한 통찰력을 바탕으로 그들의 노고를 부인하기 위해 개입하게 되었다. 나에게 유전학은 사람들 사이에서 권리가 평등하다는 것은 최악의 위험이 될 수도 있다고 보는 클럽 드

로를로주★와 같은 소규모 집단의 굉장한 위세 못지않게 유효한 것이었다. 이 클럽은 논거도 없이 내가 모욕적인 리센코 상을 수상해 마땅하다고 생각했다. 그 과정에서 대립이 잦아들자 유일한 대응은 무시였다. 하지만 이 때의 경험으로 이러한 망상들에 대해 적극적으로 관심을 기울여야 할 필요성을 자각하게 되었다. 사실을 축적하고 현실을 더 잘 묘사하는 것으로는 충분치 않다. 가능한 한 가장 널리 온전한 정신을 확산시켜야 하며 때로는 격언으로까지 전해지는 기존의 모든 생각에 대항해 싸워야 할 필요가 있다. 그것이 교육 시스템의 역할이지만 제한된 공중만을 감동시킬 뿐이다.

인종이나 지능에 관한 나의 입장에 가해진 공격의 폭력성 때문에 나는 글, 말, 그리고 내게 전혀 준비되어 있지 않았던 행동으로 전 영역에 참여할 필요가 있다는 사실을 깨닫게 되었다.

당시 나는 스스로에 충실하기위해 모든 본질적 부정의, 예를 들어 가장 명백하고 비열한 것들 중 하나로 수천가구 가족의 주거 조건에 직면해 애써 저항하고 있던 조직들이 수행하는 투쟁에 참여할 필요가 있다는 것을 알게 되었다. 당시 파리엔 비어 있는 아파트가 수천 가구에 이르고 있었다. 주거에 대한 권리

★ **Club de l'Horloge.** 프랑스 극우단체로 프랑스 국가주의세력의 정치운동 통합을 지지하고 있다. 1990년 이후 클럽 드 로를로주는 매년 이데올로기적 방법과 주장을 이용하면서 과학적 역사적으로 잘못된 정보에 기여한 사람이나 저자에게 '리센코 상'을 수여한다.

단체를 이끄는 소규모 팀은 알려진 몇몇 사람의 존재가 자신들이 시도한 불법점거 시도의 성공을 도울 수 있을 것으로 생각했다. 이 방법은 흔히 효과적인 것으로 드러났다. 그것은 자크 가일로 주교인 피에르 신부, 암전문가인 레온 슈바르젠베르크 그리고 내가 파리 중심가인 드라공 가에서 3년 전부터 비어있는 큰 건물을 점거한 사람들과 함께 했던 것과 같은 것이었다. 이 건물은 60가구가 거주할 수 있는 공간이었다. 같은 사람들이 몇 년 후 주거지 뿐 아니라 증명서도 빼앗긴 채 생-베르나르 교회로 도피했던 가족들과 함께 했다. 물론 기동대가 점거자들에게 교회를 비우게 함으로써 결국 적법성을 회복했다. 하지만 많은 국민들이 그들의 적법성에 의문을 갖게 할 정도의 소동을 불러일으키기 위해선 방송 카메라의 주목을 받을 필요가 있었다.

그것은 민주적인 당국의 권위를 부정하는 것이 아니라 무질서와 질서 과잉 사이에서 이해하기 어려운 균형을 유지하고 있는 일상에 개입하는 것과 관련된 일이다.

나는 운 좋게도 건축학과를 신설했던 루가노 대학이라는 특히 기분 좋은 환경에서 몇몇 색다른 분야를 탐구해 보고 교수 생활을 마칠 수 있었다. 에브리 대성당 건축가들 중 한 명으로 강의 계획을 담당했던 건축가 마리오 보타는 나에게 '인문학'

강의를 맡아주기를 부탁했다. 이 강의는 1학년 학생들에게 "건물에 앞서 인간에 대해 생각"하도록 하는데 목적을 두고 있었다. 나의 학생이었던 건축가들이 자신들의 기술을 활용할 때 그들의 세계관에서 진화에 대한 나의 설명이나 소외된 가난한 사람들에 대한 나의 묘사가 어떤 의미가 있을까? 그 점에 대해 나는 알지 못하고 있다. 하지만 내가 그들에게 제시한 인간관이 학생들이 스스로 의문을 갖는 계기가 되었다는 점은 확신하고 있다.

흔히 말하듯 정년퇴임 후 더 이상 강의를 할 수는 없었다. 하지만 틀에 박힌 형태는 아니지만 나는 여전히 '학교에 가고 있다.' 초등학생들 앞에서, 선생들 앞에서 혹은 운동가들로 구성된 공중들 앞에서 생각한 바를 분명히 말하기 위해 가고 있다. 특히 TV방송사가 제안한 일일 방송으로 나는 대학에서보다 더많은 또 다른 청중들 앞에서 나 자신을 표현할 수 있었다. 녹화된 4분간의 방송으로 나 스스로를 교사로 느낄 수 있었다. 매일 하나의 주제에서 또다른 주제로 넘어가면서 나는 매시간 국어에서 수학으로, 영어에서 물리학으로 강의실을 옮겨 다니는 중학생들의 리듬에 가까워졌다. 이러한 훈련은 늙어가는 것과 투쟁하는 방법이었을 것이다.

나의 삶에 대한 회상의 말미에 분명히 하는 것은 나를 구성하고 있는 모든 역할들 중에서 학교와 관련된 역할이 늘 아주 바빴다는 점이다. 다른 역할들은 학교와 관련된 역할과 함께 행동, 감정, 관심 그리고 선택들이 뒤얽혀 동시에 이루어진다. 모든 것은 나의 학교생활로 특징지어지고 있다. 아내 알릭스와 우리의 세 아들은 내가 캘리포니아에 있는 동안 팔로 알토에서 나와 함께 있었다. 당시 나는 대학 연구자인 동시에 가족과 함께 잊지 못할 만남을 가졌었다. 또한 나의 사회참여는 유전학적 성찰에서 비롯된 증거에 따른 것이었다. 인종을 정의할 수 없다는 사실을 알고 있는데 어떻게 인종주의 반대 투쟁에 참여하지 않을 수 있겠는가? 특히 인간의 근본적인 동질성을 알고 있는데 어떻게 가장 불우한 사람들에게 가해지고 있는 운명을 묵인할 수 있겠는가?

오늘날 우리 사회 조직에 대한 어떤 성찰을 제시하면서 나는 객관적이 되려고 애쓰고 있시만 그섯들은 어쩔 수 없이 내가 살아온 경험을 반영하고 있다. 어떤 것들은 시대에 뒤떨어진 생각이고 당시 내가 생각했던 것보다 구조는 훨씬 더 변했을 수도 있다. 하지만 나의 제안은 오늘의 현실을 비판하는 것은 아니다. 나는 우리 인류의 특성 그리고 지구의 자연적 제약과 양립할 수 있는 미래의 인류를 생각해보고자 하는 것이다.

인간의 특이성

실현할 수 없는 꿈을 묘사하는데 그치는 유토피아는 유용하기보다는 해롭다. 현재 경험하고 있는 현실과 상상할 수 있는 바람직한 미래 간의 간격은 분명 넘어설 수 없는 것처럼 보인다. 그 때 체념은 정당화되며 스스로를 헌신하고자 하는 모든 시도는 "그래봐야 무슨 소용이 있겠어."라는 무력감에 빠지게 된다.

반면 "왜 안 되는데?"라는 반문으로 받아들여질 때 유토피아는 역동적 창조력의 근원으로 새롭게 힘을 얻을 수 있는 요인이 될 수 있다.

언제가 될지 모르지만 놀라운 미래를 환기시킬 때도 유토피아는 그것에 이를 수 있는 방향을 제시해야 한다. 따라서 출발점은 현재에 인식되고 있는 것과 같은 현실에 대한 통찰력있는 관점에서만 존재할 수 있다.

나는 이 장에서 우리 사회보다 인간의 문명을 꽃피우는데 더 바람직한 사회를 생각해보고자 한다. 따라서 먼저 "인간이란 무엇인가?" "인간은 무엇을 할 수 있는가?" 하는 것과 같은 몇 가지 의문에 답해야 할 것이다. 인류를 기술하고 인류 역사를 재구성할 때 과학이 제공할 수 있는 답변 요소들을 환기하는 것으로 시작하자.

이제 생명체가 진화했다는 사실은 누구나 인정하고 있다. 물론 북미의 몇몇 극단적인 보수주의 종파는 문자 그대로의 성경 해석에서 벗어나기를 거부하고 인간을 포함한 모든 생물 종(種)들은 창조주의 손으로 만들어진 이후 변치 않았다고 믿고 있다. 하지만 축적된 증거들은 지구의 역사와 함께 생물 종들이 변화해왔다는 사실을 뒷받침해주고 있으며 이 증거들은 진화가 더 이상 이론이 아닌, 지구가 태양을 돌고 있다는 사실처럼 너무도 명확한 하나의 사실로 받아들여질 정도로 설득력을 얻고 있다.

오늘날 가장 단순한 것에서 가장 복잡한 것에 이르기까지 모든 생명체는 공통된 기원에서 비롯된 종의 분화를 나무에 비유하여 나타낸 계통수(系統樹)의 끝에 있다. 생명체의 진화를 야기하고 이끌어온 메커니즘에 대한 논의들이 활발히 전개되고 있지만 진화에 대해선 진지한 재검토가 이루어지지 않고 있다. 오늘의 우리에 이르게 하는 진보의 중요한 단계를 결정짓는 몇 가지 사건들을 다시 생각해보자.

| 생식에서 출산으로 |

출발점은 대략 35억 년 전 DNA분자의 출현이었다.

지구는 약 10억 년 전에 형성되었다. 지구는 물이 액체 상태가 될 정도로 식었지만 대양은 아직 아주 뜨거운 상태였다. 천둥 번개가 몰아치는 격렬한 폭풍우 속에서 화산에서 흘러나온 용암이 유입돼 연금술사의 증류 가마처럼 끓어오르고 있었다. 이러한 들끓는 상태는 전대미문의 성과라 할 수 있는 것으로 밝혀진 새로운 분자 결합이 일어나기에 유리한 조건이었다. 하지만 이러한 혼돈 상태는 어느 날 어둠을 낳았던 구조들의 파괴를 불러일으켰다. 시간의 흐름은 결국 창조자인 동시에 파괴자이다.

전반적으로 비생산적인 움직임은 이렇게 작용하는 힘의 파괴적 결과와 상반될 수 있는 유일한 분자인 DNA의 출현에 이르기까지 계속되었다. DNA의 출현이라는 전대미문의 성과는 어떤 신비에서 비롯된 것이 아니라 둘로 나뉘어 동일하게 재생될 수 있는 구조의 결과다. 말하자면 오늘날 말하듯이 무성생식으로 복제되는 것이다. 복제 능력은 각각 수십 가지 요소로 구성된 '염기들'인 4가지 원자 결합의 속성에 기인한다. 염기들의 과학적 명칭은 아데닌(A)·구아닌(G)·시토신(C)·티민(T) 등이다.

모든 화학 구조들처럼 염기들의 집합체는 서로 밀고 당기는 것에서 보여주듯이 상호작용을 한다. 상호작용의 반응들은 A와 T, G와 C가 염기쌍을 만들며 결합한 2중 나선구조의 2가닥 사슬을 따라 염기들을 배열하는 결과로 나타나고 있다. 복제 메커니즘은 2가닥 사실이 풀려 각각 보완적인 것과 다시 합성하는 것으로 이루어진다. 자기 복제 능력은 DNA분자가 자신을 사라지게 할 우려가 있는 결과들을 피할 수 있게 해 준다. 복사될 수 있는 책처럼 DNA분자는 자신이 가지고 있는 정보를 파괴할 수 없게 한다. 지구 최초 역사 단계에서 나타난 DNA분자는 존재하고 있다. 자연에 의해 구현된 무수히 많은 화학 구조 쌍들 속에 DNA분자가 도입된 것은 사실상 우주에서 유례가 없었을 연속적인 현상의 개막을 알리고 있다.

복제의 힘은 현재까지 알려진 바로는 DNA분자의 특성이다. 그렇지만 모든 유형의 실험에서 아주 번식력이 강한 자연은 물론 기본적인 염기 A, T, C 그리고 G와 다른 원자 결합을 낳을 수 있게 되겠지만 재생되는 결정적 능력에 이르는 유사한 반응도 갖추게 될 것이다. 이러한 가능성은 탐구된 적이 없거나 지금까지 이르지 못하고 있는 것처럼 보인다. 그렇지만 확인된 사실을 통해 우리는 왜 자연이 아직 성취하지 못한 것을 우리가 직접 하지 않을까? 라는 의문을 갖게 된다. 자신이 복제될 수 있는 2중 나선 구조를 형성하고 있는 염기들 가운데 어울릴 수 있는 몇 개의 분자들을 합성하기만 하면 된다. 몇몇 연구실들은 이러한 연구들을 진척시키려 하고 있다. 우리가 다룰 수 있는 대상이 된 것은 바로 생명이라는 물리적 실현 매체이다.

DNA분자와 그것을 둘러싸고 있는 화학 구조 사이의 반응들이 집합체를 이루게 한다. 이 분자들이 집합체로 존재하기 때문에 분자들은 시간과 투쟁할 수 있다. 시간과의 투쟁에서 분자의 무기는 '복제' 능력이다. 우리들은 이 집합체를 '생명체'로 분류하고 있다. 하지만 '생명'이라는 분류하기 어려운 개념에 대한 이러한 기준은 불필요하다. DNA분자들이 집합체로 존재하는 것으로 생명체를 특징짓기에 충분하기 때문이다.

복제 능력은 생명체들이 증식하고 때로 분자들의 수 덕분에 몇 가지 환경적 특징들을 수정할 수 있게 해 준다. 지구가 형성되던 시기에 존재하지 않았던 오존층의 경우가 그렇다. 오존층은 우리의 먼 조상인 남조식물들에 의한 신진대사의 결과이다. 오존층은 당시 자외선에 대한 보호막을 제공해 생명체들이 대양에서 나올 수 있게 했다. 생명체들은 오존층 덕분에 거의 지구 전체로 퍼졌다. 생명체가 펼치는 운명은 이처럼 생명체 고유의 행동 결과로 수정되었다.

하지만 숫자상으로 "하나가 둘이 되는" 성과가 새로운 것을 야기하는 경우는 드물다. 재생되는 세계는 싫증나는 세계다. 복제의 오류만이 다시 말해서 드문 돌연변이들이 획일성에 대해 투쟁한다.

다행스럽게도 분명 10억 년 전 전혀 다른 논리에 근거한 정보 전달 방법이 나타났다. 어떤 존재가 동일한 두 개를 만들어 내게 하는 생식은 몇 가지 경우에 '출산'으로 대체되었다. 출산은 두 개의 존재가 세 번째 존재를 생산하기 위해 조화를 이루게 한다. 즉 두 개의 존재가 하나의 존재를 낳는 것이다. 이러한 과정의 이점은 통상적으로 새로운 존재를 출현하게 한다는 것이다. 사실상 제비뽑기가 개입한다. 즉 두 명의 부모 각각이 절반의 기여를 해 새로운 존재가 태어나고 두 명의 부모 각각이 기여한 절반은 우연이 개입하게 하는 과정에 의해 나타나게 된다.

그 때 우연이 지배하게 된다. 실현된 객체는 가능한 무수히 많은 집합체들 중에서 제비로 뽑혀진 것이다. 각각의 존재들은 고유한 가능성을 갖고 있다. 결국 태어난 존재들은 대개는 전례 없이 새로운 존재들이다. 반복하여 똑같은 모델의 표본을 증가시키는 대신 자연은 체계적으로 새로운 것을 도입한다. 사실상 자연은 무한한 조합의 풍요로움을 이용하기 때문이다. 식물, 균류, 동물은 가장 이상한 형태로 물 속, 땅위와 공중으로 퍼져 나갔다. 그들은 가장 극단적인 환경들에 적응하며 지구를 차지했다.

우리 역사의 두 번째 핵심적인 사건으로 출산에 대해 상세히 설명하는 것은 당연한 일이다. 이러한 발견으로부터 모든 것은 상상력의 범위 안에서 일어나고 있다. 결과를 예측할 수 없는 제비뽑기의 산물인 실현된 각각의 개인은 새롭다. 우리가 낳은 세계는 더 이상 우리가 지루해하는 세계가 아니라 우리가 놀라고 점점 더 놀라게 되는 세계다.

체계적으로 다양한 진화의 경로를 탐구할 때 모든 생명체들은 계통수에서 공통의 기원을 가진 증거가 되는 몇 가지 특징들을 간직하고 있다. 모든 생명체가 공통된 기원을 갖고 있다는 사실에 유리한 가장 결정적인 주장은 유전 암호가 모두에게 동일하다는 확인된 사실이다. 유전 암호는 DNA분자에 나타나는 염기의 연속성과 단백질을 구성하는 아미노산의 연속성 사이에 관련이 있다는 사실을 입증하고 있다. 유전 암호가 실행하는 조화는 자의적이며 달라질 수도 있다. 아주 멀리 떨어져 박테리아 범주로 분류되든 영장류 범주로 분류되든 우리는 유전 암호가 사실상 모든 종에 동일하다는 사실을 인정하고 있다.

오늘날 생명체 전체의 역사는 아주 잘 알려져 있다. 유래를 나타내는 계통수의 큰 가지들은 명백한 특징들을 고려해 재구성되고 있으며 현재 유전적 할당에 따라 재구성되고 있다. 유전적 할당의 비교는 이 종들이 더 오래전부터 분리되어 있었던 만큼 더욱더 큰 '유전적 거리'를 산정할 수 있게 해 준다. 우리는 어떤 것은 침팬지로 또 다른 것은 '호모 Homo(사람)'가 되는 진화경로의 분화를 500만 년 전으로 추정하고 고릴라와 '호모 Homo'의 분화를 1000만 년 전으로 추정하고 있다.

| 인간의 자리 |

이러한 엄청난 연대기 속에서 우리를 가장 열광하게 하는 것은 분명 우리에게까지 이르는 계열이다. 그런데 어떤 특수한 진화의 여정으로 우리 인간 종에까지 이르게 된 것일까?

사실상 우리의 유전적 할당은 아주 진부해 보인다. 최근 우리의 유전적 할당이 담고 있는 유전자 수를 계산하는 것이 가능해졌다. 풍부한 유전자 순위에서 인간의 유전자 수(4만개도 안되는)

는 우리를 아주 대수롭지 않은 자리에 위치하게 할 뿐이라는 사실을 인정해야 할 필요가 있다. 우리는 우리를 경탄하게 하는 이유를 다른 곳에서 찾을 필요가 있다.

우리는 뒷다리로 설 수 있는 능력에서 그 이유를 발견할 수 있다. 하지만 그것은 설득력이 없는 오만한 이유에 불과하다. 우리의 신경 중추 체계라는 알맹이에 대한 보고서가 더 인상적이다. 우리의 가장 가까운 사촌인 침팬지들과 비교해 우리의 뇌는 사실상 훨씬 더 잘 갖추어져 있다. 뉴런인 인간 신경 세포의 수는 약 1000억 개로 침팬지보다 15배에서 20배 정도 더 많다.

하지만 우리가 감탄을 금치 못하는 인간 뇌의 크기는 애초엔 불리한 조건이었다. 왜냐하면 뇌의 크기는 자연과 모순된 성질을 갖고 있기 때문이다. 다시 말해서 출생하기 전 어린아이의 뇌는 큰 반면 아이를 출산하는 어머니의 골반은 좁기 때문이다. 조숙한 상태에서 태어나지 않는다면 태아가 어머니 몸 밖으로 나올 수 없게 된다. 따라서 태아의 뇌는 매우 불완전하고 신경 세포들이 자리 잡고 있기는 하지만 결합의 취약한 부분만 자리 잡고 있다. 뇌의 형성은 출산 이후 영장류보다는 '사람'에게 훨씬 오랫동안 계속해서 진행된다. 침팬지의 출생 시 두개골 용량은 성장이 끝난 침팬지의 60%에 이른다. 반면 '사람'은 태아일 때의 뇌 용량이 출생에서 사춘기까지 4배 정도 늘어난다.

골반의 크기 때문에 출산 전에 발달이 제한되기 때문에 인간의 신생아는 흔히 적대적인 환경과 싸우는데 아주 보잘것없는 능력만을 발휘한다. 인간의 신생아는 이러한 취약함 때문에 살아남을 가능성이 극히 줄어든다. 자연 도태가 일반적으로 알려진 만큼 가혹하지 않다는 사실이 발견되고는 있지만 지나치게 조숙한 상태에서 어머니의 뱃속에서 세상으로 나와야 했기 때문에 우리 인류는 멸종될 수도 있었을 것이다.

일단 출산 시의 위험한 시기를 지나게 되면 뇌는 공간적 제약 없이 계속해서 형성되어 갈 수 있다. 뇌가 완전히 형성되는 과정은 특히 시냅스의 형태로 신경 세포들 간의 결합이 증가하는 것으로 이루어진다. 성인이 되어 신경 세포의 총 수는 약 100조 개로 그것은 15개의 숫자만을 이용해 기록하는 우리의 방식 (그리고 특히 수학적으로 10의 15승이라는 겨우 4개의 숫자로 기술하는 것.) 때문에 그 중요성을 쉽게 알기 어려운 엄청나게 늘어난 숫자다. 신경 세포 간의 결합망 배치는 본질적으로 아동기인 15년간 혹은 5억초에 실현된다. 따라서 내적 작업대의 끊임없는 활동을 묘사하는 일반적인 리듬은 매초 2백만 개의 신경 세포를 이용하고 있다.

뇌를 구성하는 엄청난 작업을 수행하는 것은 무엇일까? 각각의 요소들이 제자리를 찾게 하는 설계도를 제공하는 것은 무엇일까? 두 가지 근거를 제시할 수 있다. 하나는 임신할 때 재조립된 유전적 할당 속에 담긴 지시들이며 다른 하나는 임신 중 어머니의 몸을 포함한 환경에 의해 취해진 정보들이다. 다시 말해서 하나는 자연이고 다른 하나는 우연이다.

유전적 할당은 놀랍도록 빈약한 것으로 알려져 있다. 배아가 받은 여행허가증에 기재돼 기본적으로 주어진 것들(그리고 기관을 형성하는 각각의 세포의 핵에 복제한다)은 수만 개 정도인 반면 중추 신경계의 결합을 구성하고 있는 아주 복잡하게 뒤얽혀 있는 미로를 배치하기 위해 취해야 할 결정들은 훨씬 더 많은 100조 개에 달한다. 따라서 유전자의 지시는 이러한 결정들 중 아주 작은 비율로만 개입할 수 있을 뿐이다. 유전자 지시들은 망의 세부 사항을 분명하게 하지 않고 대체적인 구조만 정의할 수 있을 뿐이다. 중추 신경계의 결합 망은 바로 그 기능에 의해 구체화된다. 따라서 중추신경계의 결합망은 본질적으로 우연의 산물이다. 근거가 무엇이든 우리 인류는 뇌의 풍부함 덕분에 생명체 전체에서 특별한 자리를 차지하고 있다.

뇌의 풍부함은 사실상 '지능'이라는 표현으로 재편성한 전대미문의 성과로 가능해진다. 지능 덕분에 우리는 우리의 운명을 수동적으로 감수하지 않을 수 있다. 우리는 우리 운명의 방향을

바꿀 수 있다. 따라서 지성이라는 힘의 출현으로 지구 역사의
세 번째 중요한 사건을 검토하는 것은 당연한 수순일 것이다.

| 자율성의 쟁취 |

우주에서 무생물처럼 모든 생명체는 자연의 힘에 복종한다.
적어도 이것에 과학적 태도의 기본적 가설이 존재한다. 물론 우
리가 겪었던 사건들이 초월적 존재의 의지에서 비롯되었다고
인정하는 것이 합리적일 수도 있다. 초월적 존재가 우주를 창조
하고 전지전능한 주인으로서 우주에서 작용하고 아직도 일련
의 사건들에 개입하는 거대한 힘을 결정한다고 인정하는 것이
다. 안 될 이유가 어디 있겠는가? 하지만 초월적 존재에 대한
가설은 분명 참이나 거짓으로 증명될 수 없다. 반박할 수 없는
가설이 과학 영역의 해결책이 되지는 못한다.

과학은 인과율에서 비롯되었다고 인정하는 관찰된 사실을
설명하려고 노력한다. t라는 순간에 돌발한 사건들은 이 순간
과 이전 순간들의 과정에 있는 세계의 상태에서 비롯되지만 미
래의 상태에서 비롯되지는 않는다. 인과율은 시간을 거슬러 올
라가지는 않는다. 내일은 존재하지 않는다. 매순간 우주 각각의
요소는 하지 않을 수 없는 것을 하며 각각의 요소들은 자신이

참여하고 있는 상호작용에 종속된다.

우주 각각의 요소가 자신이 포함된 상호작용에 따르는 일반적인 종속과는 반대로 인간은 내일 존재하게 될 것을 생각해 내고 미래에 도움이 될 수 있도록 현재에 노력한다. 모든 것이 필연성에 굴복하는데 반해 인간은 때로 아니라고 말할 수 있다.

물론 옛날에 남조식물들이 대기의 내용물을 변화시키고 생명체가 확산될 수 있게 분포지를 보호하는 오존층을 만들었지만 일련의 사건들에서 아주 중요한 이러한 결과는 남조식물 신진대사의 의도하지 않는 결과에 불과하다. 인류는 근본적으로 다른 행동을 보여주고 있다. 인류는 미래에 대해 생각하고 현재의 방향을 결정하기 위해 미래를 고려할 수 있다.

유아 사망률에 대한 투쟁이 가장 좋은 예이다. 기껏해야 1천 세대 앞선 구석기시대의 우리 선조들이 굴복했던 자연 조건들 속에서 신생아가 첫 돌까지 살아남을 확률은 50%도 되지 않았다. 극히 소수만이 살아남아 아이를 낳을 수 있었다. 따라서 한 세대가 다음 세대에게 경험한 정보를 전달할 수 있는 가능성은 희박했으며 인류의 운명은 오랫동안 위협받고 있었다. 우리가 직접 우리의 운명을 지배하면서 개입하지 않았다면 영장류인 '사람 Homo' 분과의 역사는 이어질 수 없었을 것이다. 진화의 역사에서 흔히 볼 수 있듯이 인류의 역사는 막다른 골목에 봉착했을 것이다.

　하지만 우리는 자연의 장애물들을 피할 수 있었다. 오늘날 선진국에서 유아의 거의 대부분이 성년에 도달하고 있다. 따라서 지구상에서 우리가 살아남을 수 있었던 것은 우리가 우리 주변과 우리 자신에게서 일어나고 있는 과정들을 이해하고 그것들을 효과적으로 변화시킬 수 있었기 때문이다. 이례적으로 우리에게 비상한 뇌를 부여한 자연은 자신의 행위를 변경할 수 있는 수단도 제공했다. 자연의 산물인 우리는 우리의 고유한 길을 가기 위해 자연과 싸울 수 있었다. 분명 자연은 우리에게만 이러한 선물을 한 것이다.

　하지만 우리가 우리의 지능 덕분에 할 수 있는 이해와 행동의 훌륭한 성과는 필연적으로 우리 인류사의 전개에서 가장 결정적인 것들은 아니다. 물론 우리들의 개별적인 성공은 경탄할만하지만 그것들이 공들여 만들어 가고 있는 인류 공동체라는 우리의 걸작을 희미하게 해서는 안 된다. 다른 어떤 특징보다도 우리 인류를 특수한 사례로 만드는데 기여하는 것을 떠올리게 하는 것은 인류 공동체를 묘사할 때이다. 인류 공동체를 묘사하기 전에 먼저 상호의존성이라는 개념에 대해 세심한 주의를 기울일 필요가 있다.

| 상호의존성 |

우리가 연구하는 대상이 무엇이든 우리는 다른 대상들과의 상호작용으로만 우리의 연구 대상을 묘사할 수 있다. 이 같은 설명에 포함된 특징은 다른 대상들과 함께 창조된 관계 작용에서만 의미를 갖는다. 우주에서 고립되어 그 자체로 제한된 어떤 요소도 언어로 표현될 수 없다. 언어는 상호 의존성에 결부된 개념을 표현하기 때문이다. 이처럼 물체의 질량은 다른 질량과 대치될 때 나타나는 중력에 의해서만 정의될 수 있다. 물체의 질량은 상호작용에 의해 드러나는 것이다. "나는 내가 만든 관계"라는 흔히 제시되는 긍정명제는 인간존재에 대해서만 참이 아니라 우주의 모든 요소들에 대해서도 유효하다. 연속적인 상호작용을 벗어난 우주는 생각할 수 없다.

상호 의존성을 평가하고 각각의 사물은 자기 이외의 것에 연결되어 있다는 명백한 사실을 받아들이기 위해선 팡테옹 천장에 매달려있는 푸코의 진자★ 앞에서 잠시 곰곰이 생각해 보는

★ '푸코의 진자'는 프랑스의 과학자 장 베르나르 레옹 푸코(J. B. Foucault 1819~1868)가 지구의 자전을 증명하기 위해 고안해 낸 장치.

1851년 장 베르나르 푸코는 판테온의 돔에서 길이 67m의 실을 내려뜨려 28kg의 추를 매달고 흔들었다. 실험 결과 예상대로 진동면이 시간의 흐름에 따라 천천히 회전하여 지구의 자전이 입증됐다.

(긴 실에 추를 달고 흔들면, 추가 흔들리는 방향은 지구가 자전해도 변하지 않는다. 반면에 지구가 돌기 때문에 바닥이 같이 돈다. 그러나, 추가 흔들리는 방향은 변하지 않는다. 따라서 바닥에 서 있

것으로 충분하다. 단단히 고정된 진동면에 머물면서 왕복 운동을 하는 구의 움직임은 매혹적이다. 우리는 이 진동면이 지구의 중력에 의해 규정되지 않는다는 사실을 이해할 때 큰 혼란을 느낀다. 진동면이 변치 않는 것은 우주에 퍼져있는 총 질량이 구에 미치는 영향에서 비롯된다.

물론 지구는 전체 우주의 일부를 이룬다. 구(球)가 왕복운동을 계속하고 지구와 관련해 둘 모두 규칙적인 잠재 에너지와 운동 에너지라는 이 두 가지 에너지의 총량을 일정하게 유지하면서 구가 계속해서 좌우로 오르내리는 것은 중력 때문이다. 하지만 중력은 우주 전체에선 하찮은 요소에 불과하며 지구의 영향은 너무 미약해 회전 운동에서 진자의 진동면을 움직일 수 없다. 우주가 설정한 보편적 기준에서 지구가 돌고, 팡테옹이 돌며 이러한 구에 매혹당한 나 자신도 이 운동에 참여하고 있다. 하지만 진자의 진동면은 돌지 않는다. 진자의 진동면에 작용하는 힘은 일반적으로 '우주적인 것들'로 규정될 수 있다. 진자의 진동면에 작용하는 힘들은 질량이 있는 물체 전체에 의해 작용하는 인력에서 비롯되기 때문이다. 인력은 아주 멀리 떨어진 별

는 우리가 볼 때 추가 지구 자전 방향의 반대쪽으로 틀어지는 것처럼 보인다.)

푸코는 이처럼 진자(振子)를 사용해서 지구의 자전을 실험적으로 증명할 수 있음을 보여 주었고, 이 업적으로 당시 최대 영예였던 코플리상을 받았다.

푸코는 이에 관련하여 지구의 자전을 측정하는 장치인 자이로스코프도 발명하였다.(1852)

이나 은하계를 포함해 우주에 존재하고 있다. 전 우주는 팡테옹 천장 아래 자신의 존재를 드러내고 있으며 우주가 설정한 기준 속에서 변함없이 진동면을 유지하고 있다. 이러한 관점에서 지구의 고유한 운동은 무시할 수 있을 정도의 효과를 가지고 있을 뿐이다. 지구는 자전하고 팡테옹을 움직이고 우리 자신을 움직이지만 진자의 진동면을 움직이지는 않는다.

우리는 갈릴레이가 바티칸과 충돌한 분명한 이유가 있는 지구의 자전에 대해 전체 우주를 고려할 때만이 설명할 수 있다. 우리가 우리의 조사 영역을 지구로 한정한다면 당연히 고정되어 있기 때문에 이 진동면이 지구와의 관계 때문에 이동하는 것처럼 보이는 이유를 이해할 수 없을 것이다.

진자의 경우에 중력이 불러일으킨 의존성만이 관련이 있다. 인력은 우주의 한쪽 끝에서 다른 쪽 끝으로 서로 끌어당기는 질량이 있는 모든 물체가 가지고 있는 힘이다. 인력은 질량이 있는 물체들 사이에서 힘에 의해 나타나는 관계들을 야기한다. 물체들 간의 의존관계는 인상적이다. 물체들 간의 의존관계는 우주를 문제로 삼고 있기 때문이다. 하지만 그곳엔 아주 단순한 상호작용만이 존재하고 있다. 뒤얽혀 있는 의존관계의 상호 작용하는 영향의 효과는 훨씬 더 복잡할 수 있다. 복잡하게 뒤얽혀 있는 의존 관계는 구성요소들이 인간 존재처럼 다양한 상호

작용의 원천인 복잡한 특징을 가진 전체의 한가운데에서 나타난다.

진자의 운동을 설명하기 위해 우리는 일부(子)에 작용하는 전체(宇宙)의 영향을 언급한다. 인간의 행동을 설명하려면, 인간의 행동을 변화시키고 싶다면 인간의 만남에 의해 형성된 공동체의 역할을 이해할 필요가 있다.

| 인간들 사이의 만남 |

우리를 규정하는 상호작용은 예를 들어 우리의 질량을 측정할 수 있게 해주는 자연의 다른 사물들과 우리를 연결시켜주는 것에 불과한 것이 아니다. 인간 두뇌의 유일성은 다른 모든 자연의 관계들로 나타나게 한다. 인간 두뇌의 특이성은 인간에게 고유한 것이다. 우리의 지적인 성과는 특히 우리와 이웃한 동물들이 할 수 있는 방식보다 훨씬 더 효과적인 의사소통 방법을 조정할 수 있게 해 주었다. 인류 역사 전체를 통해 이러한 의사소통 방법들을 통해 인간의 만남을 증가시키고 만남의 내용을 풍부하게 할 수 있었다.

모든 형태의 언어는 의사소통 방법들 중에서 가장 강력한 것이었다. 분명 지엽적인 자연적 기형에 의한 조정에 도움을 받았으며 그것이 아마도 발성기관인 후두의 위치라는 결정적인 결과를 낳았을 것이다.

영장류에게 구강은 목구멍 뒤쪽의 너무 높은 곳에 위치해 있다. 이는 마시면서 동시에 숨을 쉴 수 있게 해주는 이점이 있긴 하지만 아주 제한된 소리의 조절만을 가능하게 한다. 실제 어린 아이들이 태아에서 사춘기에 이르는 성장 과정에서 후두가 내려가는 것처럼 영장류에서 인간에 이르는 진화 과정에서 발성기관인 후두가 내려가게 된다. 150만 년 전 '호모 에렉투스 Homo erectus'에게 후두는 실제 8살짜리 어린아이와 같은 위치에 존재하고 있었다. 15만 년 전의 '호모 사피엔스'에 이르러서야 후두가 오늘날 성인과 같은 위치에 있게 된다. 이러한 후두의 위치는 폐에서 나와 성대를 가로지르는 공기의 떨림을 섬세하게 조절할 수 있게 해 주었다. 분명한 언어가 가능해짐으로써 우리에게 새로운 지적 수준의 만남이 가능해졌다.

소리를 통하든 아니면 다른 의사소통 수단을 의지하든 이후로 우리는 정보를 교환할 수 있을 뿐 아니라 대화자에게 우리에게 일어났던 일의 본질을 전달할 수 있게 되었다. 우리는 감정과 행복, 불안과 희망을 공유할 수 있다. 우리는 미래를 이야기하고, 계획을 세우고, 다른 사람들에게 그것을 제안하면서 시간의 감옥에서 벗어날 수도 있다. 진정으로 말 이상의 모든 자연적 관계들이 이러한 만남들로 이루어졌다. 이러한 만남들로 개개 인간들은 자신이 참여하는 조직망에 의해서만 정의될 수 있는 아주 강렬한 지적 활동의 상호의존관계 속에 놓이게 된다.

인력의 단순한 힘은 푸코의 진자가 우주의 질량 전체에 의존하게 하는데 충분하다. 진자의 운동은 전체적으로 우주를 참조하지 않고는 설명될 수 없다. 인간들 사이에서 작용하는 복합적 관계들은 훨씬 더 강력하다. 뒤얽혀 있는 인간관계 전체는 각각의 인간이 구성원인 인류 공동체에 대해 언급하지 않는다면 이해될 수도 없고 기술할 수조차 없는 의존의 조직망을 구성하고 있다. "각 개인에 대한 정의는 다른 개인에 대한 정의를 포함하고 있다."

인류를 '과학적으로' 묘사하는 것을 염두에 두고 자신들의 연구소로 '호모 사피엔스Homo sapiens'라는 표본을 가지고 간 외계인은 인간의 몸에서 전개되는 신진대사에 대해 모든 것을 알 수 있을 것이다. 이 외계인은 다른 동물들과 '사람 Homo'을 구별하는 몇 가지 해부학적 특징이나 화학적 특징을 발견할 수도 있을 것이다. 그렇지만 실재하는 인간의 특이성을 정당화하는 것을 알 수는 없을 것이다. 인간의 특이성은 만남 덕분에 유일무이한 존재가 될 수 있는 인간의 능력이다. 본질적으로 인간의 특이성은 공동체에서 격리시킨 개인을 연구하는 관찰자에 의해서는 증명될 수 없다.

　모든 생명체처럼 인간은 조립 설명서와 사용법이 있는 새로운 장난감을 받는 어린아이처럼 임신할 때 본성을 부여받는다. 인간의 특징은 본성에 기입된 정보들이 이상하게 숨겨져 있으며 필요한 정보들 중 아주 보잘것없는 부분만을 담고 있다는 사실이다. 우주는 인간을 만들었지만, 시간과 공간에서 동시에 자신의 특이한 대표작을 성공시킨 우주는 사용법의 편집권을 우리에게 떠맡긴 듯이 모든 일이 일어나고 있다.

| 집단적 종말 |

　마지막으로 우리가 이미 보았듯이 명확한 지시가 존재하지 않는다는 것은 우리 중추 신경체계에서 분명하게 확인할 수 있다. 중추신경체계는 애초에 우연한 작용에 따른 무수한 결합이 가능한 혼돈상태에 불과하다. 이해력을 작용하게 하는 길고 복잡한 우회로들을 출현하게 한 것은 중추신경체계다. 중추신경체계의 기능은 애초엔 다른 모든 동물들처럼 감각에 의해 주어진 것으로 자극받는다. 하지만 색과 소리, 냄새, 맛과 감촉은 이 경이적인 기계의 욕구에 상응하는 자양분을 제공하지 못한다. 극히 소수의 신경세포들(거의 0.001%도 안 되는)만이 직접적으로 감각기관에 연결되어 있다. 필요로 하는 다른 원천들은 다른 사람들과의 만남을 통한 지적 활동으로 제공된다. 만남들을 통해 우리는 우리의 고유한 두뇌라는 도구를 조직화시켜 기능하게 한다.

애초에 개인들이 상호의존하게 하는 인간의 두뇌라는 도구는 반대로 자신이 야기한 관계의 산물이 된다. 사상의 출현은 개인들이 상호의존하는 관계망의 배치에 의해 가능해진다. 인간의 작품인 관계망은 인간이 누구도 혼자서는 생각해낼 수 없는 풍요로움을 가져다주며 각각의 인간은 이러한 풍요로움을 이용할 수 있다.

약 10만 년 전부터 조금씩 효과적으로 사용하게 된 언어를 통해 우리는 사람들이 서로 생각하고 있는 것을 상대에게 전달할 수 있게 되었다. 각 개인의 내적 사고의 발전이 다른 사람들의 생각을 풍요롭게 할 수 있었으며 다른 사람들의 생각에 의해 자신의 내적 사고의 발전이 풍요로워졌다.

약 6천년 전 고안된 문자로 우리는 개인적 경험이 망각의 강을 건널 수 있게 했으며 나중에 그것을 읽은 사람들이 자유롭게 취사선택할 수 있도록 개인적 경험들을 시간에서 벗어나 남길 수 있게 되었다. 어떤 텍스트를 읽은 순간 독자의 생각은 아마도 오래전 그 텍스트를 쓴 순간 저자가 생각했던 것에 자극받는다. 모든 일이 마치 동시대인 것처럼 일어나고 있다. 시간의 차이가 파괴되고 시간의 일치가 복원되었다.

100년 전 발견된 전기와 이어 전파의 이용으로 우리는 우리의 생각을 동시에 어느 곳으로나 전달할 수 있게 되었다. 우리는 우리의 생각을 공간을 뛰어넘어 동시에 어느 곳에서나 존재할 수 있게 하고 있다. 공간의 차이가 파괴되고 동시에 도처에 존재하는 것이 가능해졌다.

시간과 공간을 뛰어넘을 수 있게 하는 모든 발명 덕분에 우리는 "우리는 사람으로 태어난 것이 아니라 사람이 되는 것이다."라는 에라스무스의 확인된 사실에 새로운 의미를 부여한다. 그리고 이 되어가기는 평생에 걸쳐 진행되는 것으로 확대되며 삶이란 결코 완성될 수 없는 것이다. 인간에게 존재한다는 것은 되어가는 것이다.

이는 이미 성경에 의해 표명되지 않았던가? 모세가 묻자 하느님은 "나는 존재하는 자이다."라고 답한다. 이러한 번역은 거짓된 것처럼 보인다. 이 문장은 원본에 존재하는 것이 아니라 '완성되지 않은' 우리 언어에 존재하지 않는 시대, 되어가기와 일체가 되는 시대에 활용되었을 것이다. 같은 방식으로 우리는 인간에 대한 우리의 설명을 완성되지 않은 채 활용해야 할 필요가 있다. 유토피아를 제시하는 것은 절대 이를 수 없는 완벽한 상태에 이르는 활동에 참여하는 것이다.

어떤 신학자들은 신을 '채워져야 할 공간 vide en attente' 으로 제시하기도 한다. 이러한 정의는 깊이 생각해보면 보기보다 그렇게 역설적인 것은 아니다. 신을 '채워져야 할 공간'으로 정의하는 것은 현재의 인간에게서 다른 곳에서 온 선물이 아니라 바람직한 변화와 스스로 구현하는 미래의 인류를 보도록 촉구한다.

결국 각각의 인간의 유일성은 타고난 것보다는 인류 공동체에 참여하면서 인간이 될 수 있는 기능에 있다. 인류 공동체의 역사는 최초의 상태에서 천천히 멀어지는 역사이다. 인류의 역사는 우주를 지배하는 맹목적인 결정론이라는 감옥에서 조금씩 벗어나 간수를 노예로 만들기 시작한 것이다.

이러한 변화는 최근에 일어나고 있는 새로운 방식의 만남과 지식의 정신적 작업이 이루어지면서 가속화되고 있다. 이러한 진보는 변화의 가속화가 전례 없었던 새로운 선택들에 직면하게 하고 변화의 가속화에 하나의 유토피아가 제시될 필요성에 직면하게 하고 있다.

미래에 개의치 않는 우주, 따라서 진화의 목적성을 가질 수 없는 생명체들은 지속하기라는 하나의 목적을 위해 행동한다는 인상을 준다. 배가 고프면 먹을 것을 찾고 성욕 때문에 세대가 이어지게 된다. 하지만 이것은 의지의 표명이 아니라 사실상 종을 이어가게 하려는 자연의 책략에 불과하다.

인류가 세대를 이어 종을 유지하는 것이 하찮은 일은 아니지만 앞으로 오게 될 미래의 존재를 눈앞에 보게 된 우리에게 지속하는 것만으로는 충분하지 않다. 우리에겐 그 이상의 것이 필요하다. 우리는 결국 더 이상 존재하지 않게 되리라는 사실을 알고 있기 때문이다. 수십 억 년 후 태양이 식으면 더 이상 지구상의 생물은 존재할 수 없으며 누구도 이 같은 운명에서 벗어날 수 없게 된다.

최후는 이미 예정되어 있지만 마지막 페이지에 이르는 장(章)들은 아직 쓰여지지 않았다. 우리 이외에 누가 백지로 남아 있는 장들을 쓸 수 있겠는가!

영원성의 재발견

테어도르 모노와의 짧은 만남이 생각난다. 시위에 함께 하기 위해 그를 찾아 갔었다. 무엇 때문에 데모를 했었는지는 기억이 나지 않는다. 도중에 나는 내가 받아들일 수 없는 것들 중 일부를 그에게 말했다. 즉 내가 죽을 운명이란 사실은 어쩔 수 없지만 천체물리학자들의 말처럼 태양계가 소멸하면 인간은 사라질 것이라는 사실엔 화가 난다! 사상, 지성, 예술에 의해 탄생된 모든 걸작들, 세계에 축적된 모든 창조물들이 우리가 사라진 후에는 하나도 남지 않게 될 것이다. 우리를 만들고 결국엔 우리를 무시한 우주 역사에서 인류의 행보는 보잘것없는 일화에 불과하다는 사실을 어떻게 받아들일 수 있단 말인가? 결국 모든 것이 무로 변해버릴 텐데 무엇 때문에 인간의 미래를 위해 스스로를 내맡기는 고통을 감수해야 할까?

테어도르 모노는 이 의문을 다르게 표현했다. 4, 50억년 후 태양이 식는 것은 이미 시작된 과정의 자연적 결말이다. 하지만 훨씬 앞서 인류는 사라질 것이다. 어떤 종도 수억 년 이상 지속하지 못했다. 그는 농담처럼 유일한 위안은 지능과 의식을 가진 한정된 영역의 주인공이라는 우리의 역할은 분명 다른 생명체 집단에 의해 이어질 것이라는 사실이다. 테어도르 모노의 말에 따르면 두족류가 우리를 계승할 가능성이 가장 크다. 나처럼 어리석은 사람의 상상과는 반대로 문어들의 미래는 밝다. 그래도 의식의 종말은 피할 수 없다. 게다가 기다리지 않고 능동적으로 미래를 향해 스스로를 내맡길 수 있는 이성은 말할 필요도 없을 것이다!

소멸에 대한 불안으로 여호와의 증인 같은 어떤 종파들은 악보다 더 나쁜 구제책을 제시하고 있다. 그들은 어떤 선택받은 사람들이 영생을 부여받아 인간의 운명을 끝없이 연장한다는 사실을 받아들이고 있다. 영생을 보장받았다고 믿는 사람들은 영생에 대한 약속에 더할 나위없는 만족감을 느낄 수도 있다. 하지만 머지않아 모두가 부러워하는 영원히 살게 될 운명의 결과는 그들에겐 참을 수 없게 될 것이다. 어느 날 사랑하는 사람들이 사라지게 되고 그들이 바라보던 산들이 침식되어 단조로운 평원으로 변해버리게 될 것이다. 언젠가 태양도 식게 될 것이다. 그들은 절망상태에서 죽지 못하는 운명에 처해지게 될 것이다. 이보다 더 참기 어려운 고통은 존재하지 않을 것이다. 오래 사는 것은 좋지만 특히 끝이 없이 오래 살아서는 안 된다. 종말에 이를 수 없다는 것은 종말에 다가가는 것을 피할 수 없다는 사실보다 더 끔찍한 불안을 불러일으키게 될 것이다.

인간은 불멸로 창조되었지만 죄로 인해 죽음을 면할 수 없게 되었다는 『가톨릭 교회 교리문답서 Catéchisme de l'église catholique』의 단언은 훨씬 더 비상식적이다. 제2차 바티칸 공의회에서 발표된 교황회칙 「기쁨과 희망 Gaudium et Spes」(사목헌장)은 이상하게도 "인간이 죄를 짓지 않았다면 육체적 죽음을 면했을 것이다."라고 단언하고 있다. 그때 인류의 기원은 다른 생명체들의 기원과는 다르다는 사실을 인정해야 할 것이다. 가톨릭 교리 문답서는 인류를 포함해 공통된 기원에서 비롯된 모든 종의 진화 증거와 전혀 양립할 수 없다. 이러한 가설은 지구의 유한성과도 모순된다. 유한한 지구가 어떻게 불멸의 육체로 늘어나는 인구를 무한정으로 감당할 수 있다는 말인가?

생명의 끝없는 연장으로 영원성에 대한 우리의 욕구를 만족시킬 수는 없다. 다른 방향으로 영원성에 대한 욕구를 충족시키고자 해야 한다. 백과사전이 영원성으로 규정하고 있는 이상한 선택에 의해 그 방향이 제시되어 있다. 백사사전에 따르면 영원성은 두 가지방식으로 정의될 수 있다. 하나는 시작도 끝도 없는 지속(신의 영원성을 지적하기 위해 채택된 정의)이며 다른 하나는 시작은 있지만 끝은 없는 지속(이는 몇몇 종교들이 제시하고 있는 것으로 특히 영혼에 대한 설명에서 나의 유년시절 위안이 되었던 정의이다.)이다. 이러한 구별이 암시하고 있지만 아직 제안되고 있지 않은 끝은 있지만 시작은 없는 지속이라는 또 다른 정의도 가능하다는 사실은 왜 받아들여지지 않고 있을까?

| 다각화된 시간 |

우주에서 일어나고 있는 변화를 설명하기 위해 과학자들은 추론에 전통적으로 t로 표현되는 시간 개념을 논증에 도입하고 있다. 시간 개념이 도입된 진술은 생각의 모호함을 숨기고 있다. 시간이라는 요인으로 어떤 실재적 고귀함을 측정할 수 있겠는가?

1905년 앨버트 아인슈타인이 제시한 특수 상대성을 아주 혁명적으로 제시하고 있는 것은 시간과 공간은 분리할 수 없는 전체를 형성하고 있다는 사실이었다. 특수 상대성이라는 새로운 사고방식의 중요성을 이해하기 위해 이러한 시공간 개념들이 우리 정신 속에서 만들어져 우리의 세계관에 기여하고 있는 것에 의한 과정을 분석해보기로 하자.

우리는 우리의 손을 보고 손을 움직일 수 있는 것을 기뻐하며 물체를 움켜쥐려 한다. 우리는 우리가 순응해야 할 '공간' 속에 위치해 있다는 사실을 증명하고 있다. 우리가 만지고 이해하고 사물과 접촉하고 싶어 할 때 필수적인 것은 거리개념이다. 그래도 우리는 우리의 정신 속에선 이미 구성했던 우리를 둘러싸고 있는 공간이라는 3차원 모델까지 계산할 수 없다.

시간과 관련된 흐름은 전혀 다른 하나의 본질을 갖는다. 우리는 사건들을 목격하며 사건들은 우리 정신이 단순한 기준에 따라 그것들을 분류할 수 있는 방식으로 인식된다. 사건들이 나타나는 순서는 하나가 앞서고 또 다른 것이 이어지는 방식이다. 우리는 이러한 연속된 사건이 '시간'을 구성하는 것으로 해석한다. 그런데 우리는 이 단어 뒤에 숨겨져 있는 개념에 어떤 역할을 부여하는 것일까? 시간은 사건에 앞서 존재할까? 시간은 끊임없이 전개되며 실재 세계가 그 앞에서 차례로 돌발적인 사건들을 보여주는 별개의 배경 막과 유사한 것일까 아니면 이러한 일련의 사건들에 의해 발생되는 것일까? 우리는 시간을 "어떤 일도 일어나지 않을 때도 흐르는 것"으로 정의할 수 있을까 아니면 반대로 "어떤 일도 일어나지 않았다면 과거의 시간은 존재하지 않았을 것이다."라는 성 아우구스티누스의 주장을 받아들여야 하는 것일까?

하나의 답을 선택하기 전에 하나의 척도를 두개의 영역에 도입하는 방식인 공간과 시간의 또 다른 차이를 증명하는 것이 유용하다. 공간에 대해선 모든 것이 단순해 보인다. 눈금이 새겨진 자를 이용하면 우리가 원하는 만큼 밀도 있게 좌표축 망을 정의할 수 있다. 그것은 초등학생들이 세브르에 있는 국제도량형 사무국에 정확하게 보존되어 있다고 배운 측량단위 정의를 환기하는 것으로 충분하다. 이러한 측량단위는 보편화에 사로잡힌 1793년 입헌의회의원들에게 너무 중요한 것처럼 보였기 때문에 그들은 몇 가지 복제품을 파리에 설치했다. 그들 중 하나가 프랑스 상원을 마주보며 대리석으로 남아 있다. 공간에 대한 측량의 문제는 해결된 것처럼 보인다. 남은 문제는 시간이다. 시간은 어떻게 측량할까?

우선 지속 단위를 선택해야 한다. 하지만 본질적으로 지속은 미터법과 같은 기준 방식으로 정의될 수 없다. 지속은 규칙적 주기를 유지할 수 있는 물체의 운동으로만 표시될 수 있다. 태양 주위 궤적을 그리거나 자전하는 별자리들이 그렇다. 사람들은 이처럼 하루의 지속을 86400초로 정의할 수 있다. 그렇지만 다른 주기적인 사건들과 비교해 지구의 운동은 완벽한 규칙성을 갖지 않는 것처럼 보인다. 따라서 1967년 더 이상 우주적 사건이 아니라 입자의 운동으로부터 시간 단위를 정의하기로 결정했다. 우리의 시계를 아주 큰 것이 아니라 아주 작은 것에 부합되게 맞추는 것이다. 1초는 그 이후로 더 이상 하루의 지속을 잘게 분할하는 것이 아니라 세슘 원자에 유발된 9,192,631,770번 변화의 축적이다. 따라서 지속의 기준은 본질적으로 과학자 회의의 의지에 의해 변화되었다. 여기서 지속에 대한 모든 측량의 자의적 특징이 명백하게 드러난다.

이같은 자의적 결과를 이끌어 낸 아인슈타인은 사건의 지속은 필연적으로 두 명의 관찰자에게 동일한 것은 아니라는 사실을 증명했다. 고등학생 수준에서 이해할 수 있는 단순한 대수공식은 이 관측자들 중 한 명이 측량한 것을 또 다른 사람이 측량한 것에 연결지을 수는 있지만 그 둘 중 누구도 자신의 관측 결과가 더 '참'이라고 주장할 수는 없다. 관측자들에 따라 서로 다른 시간이 존재하는 것이다.

파리에서 리옹으로 가는 기차를 타보자. 우리는 다양한 방식으로 지속되는 여행을 측량할 수 있다. 예를 들어 출발 시와 도착 시에 우리의 정밀한 태엽 시계를 작동시키거나 각 역에 있는 괘종시계를 보는 것이다. 이 두 가지 지속은 정밀한 태엽시계와

역 마다 걸려있는 괘종시계가 정확히 일치되어 있다 해도 변함 없는 것은 아니다. 여행에 함께하는 우리의 태엽시계는 우리가 지나는 역들 앞에 있는 괘종시계보다 더 짧게 지속한다. 물론 그 차이가 크지는 않으며 그 점을 확인하기 위해선 측량의 정확성을 소수점 13번째 자리까지 높여야 한다. 실재 세계에 대해 우리의 관점에서 받아들여져야 할 것은 이러한 차이의 중요성이 아니라 차이가 존재한다는 사실이다. 근본적으로 다시 생각되어져야 하는 것은 바로 세계에 대해 우리가 이해하고 있는 영역이다. 시간은 동요되지 않고 흐르며 각각의 사건에 관찰자와는 무관하게 동일한 지속이 할당된다는 믿음을 버릴 필요가 있다.

우주의 현실에 상응하는 확인된 사실을 우리의 생각에 쉽게 적용하기는 쉽지 않다. 이는 언뜻 보기에 가장 합리적인 우리의 생각들을 뒤집어 역설에 이르게 하는 것처럼 보이기 때문이다.

가장 잘 알려져 있는 것은 쌍둥이의 역설이다. 그들은 분명 같은 나이다. 하지만 쌍둥이 중 한 명이 한 곳에만 머물러있는 반면 다른 한 명은 오랜 여행을 한다면 여행을 하는 측은 돌아왔을 때 다른 쌍둥이보다 덜 늙는다. 그들의 출생일은 같지만 나이는 다르다. 그들이 개인적으로 겪었던 일의 흐름이 같지 않기 때문이다. 그들은 자신들이 겪었던 연속적인 사건들 속에서 서로 다른 동시성을 받아들인 것이다. 소수점 13번째 자리를 무시해선 안 된다. 그것은 우리의 일상적인 삶에선 어떤 것도 변화시키지 못하지만 우리에게 다른 관점을 강요하고 있다.

10년 후 역시 아인슈타인이 일반 상대성 이론을 상술했을 때 시간에 대한 공통된 생각에 더 만만치 않은 타격이 가해졌다. 일반 상대성 이론은 시간의 흐름은 주변 공간에 있는 질량의 존재에 따라 리듬을 변화시킨다는 사실을 증명했다. 태양 근처에 머무르다 되돌아 오게 되면 더 큰 인력 범위의 힘 때문에 지구에 머물러 있던 쌍둥이보다 나이를 덜 먹게 된다. 하지만 그래도 이러한 영향은 너무 미약해 측정할 수 없다. 인력의 영향은 엄청난 비중을 가진 질량 근처에서만 중요해지게 된다. 블랙홀이라 부르는 신비한 물체의 경우가 그렇다. 지구의 관찰자에겐 며칠, 몇 달, 심지어 영원히 지속되는 현상이 블랙홀 근처에 있는 관찰자에겐 몇 초간만 지속될 수도 있다.

하지만 시간 개념의 실제적 관점에 대한 아주 피상적인 이러한 통찰은 시간 개념이 중심적인 역할을 하는 모든 의문을 새로운 관점에서 명확하게 다시 표명할 필요성을 보여주고 있다. 특히 시초와 관련된 의문들을 다시 분명하게 표명할 필요가 있다.

| 시초를 설정하다 |

우주에서 시간이 흐르며 시간은 '늘' 흐르고 있다는 사실을 인정하면 곧 어떤 의문이 떠오르게 된다. 즉 시간은 어떻게 시작할 수 있었을까? 언제부터 시간은 지속하고 있는 걸까? 시초의 순간을 설정하고자 하는 것은 당연해 보인다. 그렇지만……

어떤 순간에 일어난 사건을 언급할 때 우리는 은연중에 그것을 둘러싼 전후의 순간들을 떠올린다. 지속의 전체성은 각각의 사건에 대해 선행한 것과 이어지는 것의 두 가지 부분집합으로 나뉘어 진다. 하지만 그때 우주 최초의 순간을 떠올리는 것은 불가능하다. 분명 '이전'이 존재하지 않는 우주 최초의 순간은 지속 속에 포함되어 있기 때문이다.

아담과 이브를 묘사하고 있는 르네상스 그림의 혼란을 상기해보자. 이 최초의 남녀는 분명 부모가 없다. 그들의 모습에 배꼽을 그려 넣어야 할까? 아니면 그려 넣지 말아야 할까? 배꼽은 이전 세대에게서 태어난 흔적이다. 가령 이전 세대가 존재하지 않을 땐 어떻게 해야 할까?

빅뱅이라는 우주 최초 순간이 천체물리학자들에게 제기하는 문제도 똑같은 본질에서 비롯되고 있다. 이 기본적인 사건은 어떤 과정에 의해 일어날 수 있을까? 이렇게 제기된 의문은 자기 모순적이다. 이 같은 의문은 최초로 제시된 것 이전의 사건들을 가정하고 있기 때문이다.

이론적 모델은 우리의 우주를 그 영향이 아직도 지속되고 있는 폭발의 결과로 제시하고 있다. 이는 여러 가지 가설 중 하나의 가설에서 출발했을 뿐이다. 그것은 현재 현실에 근접한 것으로써 받아들여지고 있다. 왜냐하면 빅뱅이론은 은하가 후퇴 운동, 우주의 화학적 결합 혹은 은하계 사이의 공간의 잔류 온도와 같은 무수히 많은 관찰들을 설명해주고 있기 때문이다. 우리가 빅뱅이론을 받아들인다면 시간은 대폭발에서부터 시작할 수 있다고 인정해야 한다. 따라서 우리는 '이전'에 대해 언급할 수 없다.

논리적 함정을 피하기 위해선 엘리아 학파의 철학자 제논이 전개한 유사한 함정을 상기하는 것이 효과적이다. 제논은 거북이를 따라잡기 위해 뛰어가고 있는 아킬레스를 상상했다. 제논은 아킬레스는 거북이를 따라잡을 수 없다고 말했다. 아킬레스가 이전 순간에 거북이가 있었던 곳에 도착하는 순간마다 거북이는 더 이상 그곳에 있지 않기 때문이다. 아킬레스는 거북이에 다가갈 수는 있지만 거북이를 붙잡을 수는 없다. 이 같은 결론이 범하고 있는 오류는 제논이 이야기하고 있는 경주를 연속적 순간들의 수로 세고 있는 것이다. 이 숫자는 사실상 무한하지만 기한의 무한정한 합은 1+1/2+1/4+1/8+······=2처럼 당연히 끝맺을 수 있기 때문이다. 아킬레스는 물론 거북이를 따라잡는다. 이를 증명하기 위해선 연상되는 순간의 수(이 경주는 끝날 수 없다고 묘사한 견해로 이 수는 무한하다는 것.)이든 경주의 총지속(이러한 지속은 끝이 난다)이든 계산되는 것의 본질을 바꾸기만 하면 된다.

빅뱅의 경우에 천체물리학자들은 우주의 기원에 다가가려 애쓰면서 최초 순간의 우주를 설명하기 위한 자신들의 노력을 우리에게 기술하고 있다. 최초 우주를 기술하기 위한 노력은 우주의 나이를 초와 이어 10분의 1초로 측량할 때 상대적으로 쉽다. 하지만 사람들이 그 목표에 가까워지면 가까워질수록 필요한 노력도 더 커지게 된다. 빅뱅이후 10의 -4승초에 위치해 있는 순간에서 10의 -5승 순간에 가까워지는 것은 10의 -3승에서 10의 -4승으로 가는 만큼이나 어렵다. 따라서 시간을 초의 숫자가 아니라 이 숫자에 상응하는 음수의 승수를 이용하는 것이 유용하다. 말하자면 우주의 나이를 우주의 대수로 대체하는 것이다. 따라서 0의 대수가 정의될 수 없는 것처럼 더 이상 최초 순간은 문제가 되지 않는다. 빅뱅은 당연히 접근할 수 없으며 우리는 더 이상 빅뱅 이전에 대해 자문하려지 않는다.

그렇지만 우리가 가장 흥미를 느끼는 기원은 우주의 기원이나 인류의 기원이 아니라 바로 우리 삶의 기원이다. 우리 삶이 전개되는 최초의 사건은 어떤 방식으로 지속 속에 위치해 있을까? 임신 다시 말해서 부모의 두 개의 생식 세포가 결합한 순간을 기원으로 보는 것이 합리적이다. 두 개 생식 세포의 결합으로 우리는 분명한 유전적 할당을 갖게 되고 우리의 현재 상태에 이르는 연속된 반응이 시작된다.

우리는 지표가 되는 것만큼이나 많은 지속의 기준들이 존재한다는 사실을 알고 있다. 우리는 삶의 기원을 어떤 시간 범위에 위치시키게 될까? 외부 관찰자에게 삶의 기원이 되는 순간은 고유한 기준에 따라 자신에게 전개되는 시간 속에 위치하게 될 것이다. 외부 관찰자에게 임신이나, 사람의 출생은 고유한 기준에 따라 자신에게 전개되는 날짜에 일어난다. 하지만 우리에게 진정으로 중요한 시간은 다른 사람들의 시간이 아니라 우리의 시간이다. 우리의 시간은 개인적인 것이며 심장 박동에 의해 우리 세포 속에서 일어나는 모든 신진대사에 의해 발생한다. 우리의 시간은 우리가 손목에 차고 있는 시계로 측량될 수 있는 시간이다.

다른 사람들의 시간인 우리 공동체에 의해 정의된 시간은 우리의 행동과 그들의 행동을 조화시키는데 편리하다. 하지만 지속 속에서 우리의 고유한 삶의 전개를 위치시키기 위해 그것을 언급할 때 우리 공동체가 정의한 시간은 우리에게 낯설며 우리를 잘못 생각하게 한다. 우리가 우리의 시간 속에 우리와 관련된 사건들을 제자리에 되돌려놓을 필요가 있으며 그것은 공동체의 시간과 드물게 일치할 뿐이다.

그러므로 우리의 임신 순간을 개인적 시간 속에 위치시키는 것은 불가능하다는 사실을 인정하자. 우리에게 이어지는 순간은 시작되지 않았기 때문이다. 다시 말해서 우리는 최초를 살고 있었다. 임신의 순간은 우리에게 우주의 빅뱅과 같은 것이며 우리 기준에서 빅뱅 이전에 우주는 아무것도 아니었다. 0의 순간이 빅뱅에 영향을 미쳤다기보다는 대수자를 취해 그것을 무한대로 보내는 것이 합리적일 것이다. 이는 한 가지 확실한 것을 나타내고 있다. 즉 우리는 이러한 임신에 도달할 수 없다는 것이다. 끝은 있겠지만 시작은 없다는 사실을 알고 있는 영원성에 의해 우리는 임신과 분리된다.

여기에 재발견된 영원성이 있다. 영원성은 아서 랭보가 묘사한 "태양과 함께 한 해변가 오솔길"도 우리 시아에 끝없이 펼쳐지게 될 전망 없는 지속도 아니다. 우리에 앞선 영원성을 찾지 말자. 우리는 영원성에서 왔다. 영원성은 우리 과거의 일부이다. 하지만 중요한 것은 미래다.

| 길들여진 지속 |

태양의 미래, 태양계 전체의 미래는 이미 그려지고 있다. 몇십억 년 후 더 이상 충분한 수소 저장량을 이용할 수 없게 된 태양은 적색 거성으로 변해 백색왜성이 되기 전 가장 인접한 행성들을 파괴하게 될 것이다.

먼 미래에 일어나게 될 우주 전체의 운명은 아직 정확하게 알려져 있지 않으며 게다가 그것은 결정되지 않을 것이다. 인력의 영향으로 실제적인 우주의 팽창은 늦추어지고 이어 수백억 년 후 최초의 빅뱅과 대조적으로 다시 수축해 한 점으로 돌아가는 빅 크런치 big-crunch의 수축단계가 이어질 수도 있다. 반면 그 존재가 가설로 남아 있는 척력은 팽창을 가속화시키지 못하며 도달할 수 없는 0도에 이르지 않고 무한히 이어지는 냉각을 불러일으킨다. 이 우주적 운명의 결말은 솔직히 우리와는 아무런 관련도 없다. 단지 우리의 여정이 각인하게 될 흔적에 대한 인류 공동체의 시선만이 중요하다. 우리가 남기게 될 흔적은 우리들의 행동을 반영하고 있다. 그런데 행동을 할 수 있다는 것은 인간의 특성이다. 우리를 둘러싼 세계에선 행동이 존재하지 않으며 사실들만이 존재한다. 어떤 것들은 자연법칙에 순응해 전개되며 자연법칙들은 실재 세계의 모든 요소들이 결정론이라는 독재자에게 복종하기를 강요하는 알려지지 않은 목록에 새겨져 있다. 다른 것들은 소립자 수준에서 양자역학적 우연의 변화가 일으키는 자유의 혜택을 받는다. 하지만 동물, 식물 혹은 무생물 이든 사건들에 참여하는 것들은 어느 쪽을 향하는지 모르고 있다. 그런데 행동을 규정하는 것은 바로 목적 지향성이다. 그리고 특히 동물, 식물, 무생물들은 자신들이 무엇을 지향하고 있는지 모르고 있다는 사실을 모르고 있다.

인간만이 무엇을 지향하고 있는지 알고 있다. 인간은 미래가 존재할 것이라는 사실을 이해하고 있기 때문이다. 인간은 미래의 내용을 예측하고자 노력하지만 모두 알 수 없을 것이라는 사실도 알고 있다. 세계와 자신에 대한 이해, 이는 끝을 알 수 없는 영역이다. 따라서 우주와 인간이 영원히 지속될 수 없다는 강박관념을 갖고 있지 않다면 인간은 시간의 함정을 무시하는 영원성의 존재 형식을 발전시킬 수 있다.

그때 영원성은 더 이상 미래를 위해 기다려야 할 선물이 아니다. 지속이 우리에게 영원성을 줄 수는 없으며 영원성은 오늘 우리의 행동이 만들어가고 있는 현재이다. 시간이라는 단어가 불러일으키는 현실에 대한 통찰력을 가지며 지속을 유지하는 것은 우리다.

분명 우리는 교리문답서가 상상하고 있는 것처럼 불멸로 태어난 것은 아니다. 하지만 우리는 시작은 없지만 우리의 인생역정과 함께 성취되는 영원성을 천부적으로 타고 났다. 우리의 과거는 망망대해와 비슷하다. 이를 수 없는 망망대해의 수평선은 실제로는 존재하지 않는다. 대양의 파도는 우리의 미래인 알려지지 않은 섬의 해변에 우리를 내려놓는다. 미래를 개척하는 것은 우리다.

우리는 그곳에서 지속이라는 이상한 파트너를 발견한다. 지속은 사소한 사건들도 되돌이킬 수 없도록 우리의 모든 행동, 우리의 모든 생각에 배어든다. 매순간 발생한 일들이 분명 지울 수 없는 과거 속으로 옮아가고 있다. 철학자 블라디미르 얀켈레비치는 우리 각각은 물론 일시적이지만 우리가 존재했다는 사실은 분명하다고 지적했다.

우주의 어떤 사건도 피할 수 없는 이 불가역성 즉 되돌이킬 수 없다는 사실은 개개인의 삶 속에서 나타나고 있다. 느끼는 것은 무엇보다 유쾌하다. 우리들의 어린 시절, 우리의 청년기 하루하루 새로운 날들은 우리의 인격을 형성하는데 첨가되는 새로운 발견의 기회다. 우리는 초조하게 내일을 기다리며 선물처럼 그것을 받아들였다. 새로운 날은 실제로 때때로 예기치 않는 풍요로움을 가진 선물이었다.

나이가 들면서 미래를 현재로 바꾸려는 열의는 이러한 변신을 늦추려는 욕망을 대신하게 되었다. "사형집행인이여, 1분만 더 기다려 주시오." 좋든 싫든 나처럼 나이 든 사람의 범주로 분류되는 사람은 계절이 돌아오는 것을 더 이상 우리 인생여정의 어떤 첨가물이 아니라 미래가 줄어드는 것으로 볼 위험이 있다. 시간은 나이 든 사람에겐 창조자와 파괴자라는 서로 다른 두 가지 역할을 훌륭하게 하는 자신의 능력을 드러낸다. 머물러있지 않고 더 나아가기 위해 왜 나이 든 사람에게 미래에 참여하는 역할을 강요하지 않는가? 왜 나이 든 사람에게 하나의 유토피아를 묘사함으로서 창조자가 되기를 강요하지 않는가?

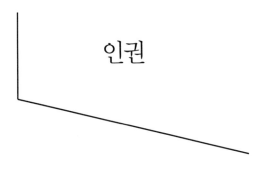

인권

| 인간의 권리 |

우주의 모든 것은 복종한다. 질량이 있는 모든 물체는 서로 끌어당기며 전하를 가진 것들은 서로 당기거나 밀어낸다. 소립자는 양자 역학적 우연의 자유를 향유하지만 이러한 자유는 확률의 법칙에 따른다. 우주가 생겨난 이후 우주를 구성하고 있는 각각의 요소들은 원자이든 은하이든 하지 못하는 게 할 수 없는 것을 한다. 이러한 거대한 무리 속에서 규율은 엄격히 존중된다.

이어 '사람 Homo'이 나타났다. 사람을 둘러싸고 있는 모든 것들처럼 인간은 대치하는 힘의 작용에 의해 퍼뜨려진다. 우리는 과학적 분석을 통해선 인간에게서 특별한 구성요소를 전혀 발견할 수 없다. 지구상에서 발견한 모든 것을 합리적으로 분류할 임무를 맡은 외계에서 온 과학적 관찰자라면 당연히 인류에 대해 어떤 특별한 관심을 보이지 않을 것이다. 인류를 예외적인 존재로 고려할 수 있게 하는 것은 자연이 아니라 인류가 스스로에게 부여한 것이다.

어떤 돌연변이는 비대해진 중추 신경계에서 비롯된 것으로 밝혀졌다. 비대해진 중추 신경계 덕분에 인류는 비상한 이해 능력을 발전시킬 수 있었고 특히 모든 구성원들 간의 상호작용으로 뒤얽힌 아주 섬세한 조직망을 정돈할 수 있는 능력을 발전시켰다. 이 조직망은 각 구성원들이 다른 모든 사람의 성과로 풍부해질 수 있게 해 주었다. 개별적이든 집단적이든 인간이 성공할 수 있었던 열쇠는 이러한 조직망의 작용덕분이다.

따라서 인간에게 결정적인 의문은 "내가 받은 것에서 어떻게 이익을 얻어낼 것인가?"가 아니라 "다른 사람들과의 관계를 어떻게 조직화할 것인가?"이며 더 넓게는 "다른 모든 사람들과 각 개인의 관계를 어떻게 조직화할 것인가?" 하는 의문이 될 것이다. 그 답변은 자의적일 수 있을 뿐이다. 물론 환경에 따른 무수히 많은 제약들을 고려해야 하긴 하지만 가능한 선택의 영역은 무수히 많다. 각 공동체의 되어가는 방향을 정할 선택의 중요성을 강조하기 위해 어떤 민족은 그것을 신에게로 전가한다. 성경에 따르면 하느님이 직접 십계명을 새겨 자기 민족에게 전하도록 모세에게 맡겼다. 코란에 따르면 알라 신이 대천사 가브리엘을 통해 마호메트에게 자신의 의지를 받아쓰게 하여 모든 인간들에게 전하도록 명령했다.

그런데 율법이 인간의 작품이라고 인정한다고 해서 시나이 산에는 모세뿐이었고 바로 그가 자신을 대표로 파견한 군중들을 어떤 운명을 마음에 품을 수 있는 민족으로 변화시키겠다고 결심했다고 추정한다면 율법은 덜 성스러운 것일까? 그렇다하더라도 하느님의 존엄성은 전혀 손상되지 않는다. 오히려 개입하지 않았다는 가설을 허용하는 하느님에 대한 존경의 표시처럼 보인다. 그 때 권리는 삶의 규범에 대한 공동체 구성원들의 지지, 어떤 사람이 제시한 목표를 모두에게 강요되는 법으로 전환하는 합의의 결과이다. 어떤 선지자가 받아 전달한 창조주의 말씀이라고 분명하게 못박혀있고 이러한 권리가 인간관계에 가장 적합한 조직을 구성하는 인간의 시도로 받아들여진다면 오히려 변화할 수 있다. 인간이 스스로 부여한 목표나 자연 환경에 의해 강요된 구속들이 변화할 때 이러한 변화는 필요하기까지 하다.

제약들은 실제로 엄청나게 변화한다는 사실이 나타나고 있다. 100년도 안돼 인구는 4배로 늘어났고 행동 방식의 효율성은 몇 단계 증가했으며 통신망은 모든 사람과 모든 공동체를 포괄하는 망이 되었다. 누구나 자유를 누릴 수 있는 가능성이 열리면서 목표가 다양해지고 분화되었다.

다양한 문화가 권리에 대한 나름의 이해를 독자적으로 발전시켰다. 다양한 문화들이 앞으로는 서로를 고려해 권리를 만들어야 한다. 서로 다른 것을 염두에 두고 권리를 발전시킬 필요성은 인류전체가 추구해야 할 공동 목표가 되었다.

이는 행동 규범을 획일화하는 것이 아니라 그 핵심에서 다양성이 꽃피우게 하고 다양한 흐름이 하나 원천에서 핵분열을 시작할 수 있는 방식을 가능하게 하는 것과 관련이 있다.

권리의 공통된 기원은 인간 존재에 대해 공유된 정의(定意)를 반영하고 있다. 인간에 대한 정의는 필연적으로 자의적인 부분을 내포하고 있다. 가능한 선택들 중 하나는 각각의 개인에서 자연이 낳은 객체만을 보는 데 그치는 것이다. 그렇게 되면 사회 조직화에서 효율성 이외의 다른 기준들이 개입하는 것을 정당화하는 것은 아무 것도 없다. 우리가 효율성을 우선시하는 비전을 선택한다면 '다른 사람들'은 수단에 불과하다. 각각의 사람들은 자신의 고유한 이해관계에 따라 다른 사람들을 이용한다. 그 때 '최선'의 구조는 질서를 유지하게 하는 구조다. 권리는 의무사항으로 강요될 뿐이다. 각 개인은 독재자가 부과한 법이든 시장의 법칙이든 이러한 법에 종속된다.

다른 관점을 받아들일 수 있으며 이는 각 개인에게서 주체 다시 말해서 의식이 있는 개인을 본다. 의식 있는 주체적 개인은 인류 공동체에 대한 적극적 참여로 가능해진다. 인류 공동체의 가치 기준은 의식 있는 주체적 개인이 주도하는 풍부한 상호적인 공헌이다. '최선'의 조직화는 각 개인이 다른 사람을 만나게 할 수 있는 것이다. 이 때 권리는 이러한 만남에 유리하게 작용하는 몸가짐의 조화를 정의한다.

인류 공동체 전체가 이 두 번째 정의를 받아들이게 하는 것은 그들의 종교, 문화, 정치 체제, 사회구조가 무엇이든 오랫동안 실현할 수 없는 계획처럼 보였다. 언젠가 이러한 공통된 핵심이 기준으로 알려지고 채택되고 제시될 것이라고 감히 상상하는 사람들은 거의 없었다. 그렇지만 이것은 실제로 반세기 전에 존재했었다. 모든 UN회원국들이 1948년 한 사람을 전 인간 존재로 인정한데 토대를 둔 보편적 인권선언을 채택했다. 인류 공동체의 전례 없는 이러한 진보는 더 이상 제2차 세계대전의 공포를 재현하지 않겠다는 욕망으로 가능하게 되었다. 하지만 이것은 시작에 불과하다. 이렇게 시작된 도약은 인간의 미래를 풍요롭게 하는 다른 유토피아를 제시하도록 용기를 북돋아 줄 것이다.

오늘날 현실과의 괴리에도 불구하고 근본적 변화 계획이 "왜 안 되는데?"라는 반문으로 받아들여질 수 있는 영역들 중 몇 가지를 제시해 보기로 하자.

| 치료받을 권리 |

누구나 원하는 건강한 상태는 지나치게 자연적 우연에 좌우되기 때문에 권리라고 말할 수 없다. 적어도 사람들은 건강을 회복하고 건강을 향상시킬 수 있는 진료가 가능해지기를 기대할 수 있다.

19세기 중반까지 질병에 대한 투쟁은 아주 제한된 효율성을 가진 경험적 방법들에 의해서만 수행되었을 뿐이다. 병원은 사회가 가장 빈곤한 사람들을 수용하고 있는 노인병원들 밖에는 없었다. 200년도 지나지 않아 보건체계는 변화되어 엄청난 성공을 거두었으며 의료진의 의료처치로 오늘날 예전에는 진짜 기적으로 받아들여졌을 자연에 대한 승리가 가능해졌다. 선진국에서 유아가 사망하는 경우는 거의 없으며 기대 수명은 다가오는 죽음을 맞는 우리의 태도가 변모할 정도로 늘어났다. 결과적으로 전체 사회 구조가 급작스럽게 변화되었으며 노화에 대한 개념 자체가 재검토되고 있다.

의학적 의료처치라는 약간의 효과는 오래 전에는 질병을 받아들이는 어떤 운명론을 정당화했다. 의사에 의지하는 것은 어떤 희망도 가져다주지 못했고 의사의 방문이 대가를 지불할 수 있는 사람들에게 한정되어 있다는 사실이 터무니없어 보이지 않았다. 의사가 보통사람들이 운명으로 받아들였던 것을 감소시킬 수 있게 되면서부터 모든 것이 변화되었다. 적어도 유럽에선 빠르게 새로운 권리가 인정되었다. 바로 진료의 필요에 의해 정당화된 진료에 대한 권리다. 애초에 부를 창출하기 위해 승인된 노력에서 그 정당성을 찾는 재산권과 대조적으로 진료에 대한 권리는 운명의 작용을 감내하는 인간을 돕기 위한 집단적 대응이다. 암묵적 슬로건은 더 이상 "재능에 따른 분배"가 아니라 "필요에 따른 분배"이다.

근본적으로 '공산주의적'인 이러한 태도는 경제학자의 논리와 반대되는 논리로 보건체계에 참여하는 인류 공동체의 주요 행동 전체에 큰 변화를 가져왔다. 경제학자들은 각각의 재화에 가치를 부여하고 재화의 생산비용을 계산한다. 가치와 비용의 비교가 생산과정의 수익성을 결정하고 선택의 방향을 결정한다. 경제학자들의 이성적 사유는 질병에 대한 투쟁과 관련해서는 유지될 수 없다. 진료비는 물론 계산될 수 있으며 흔히 늘어나겠지만 치료의 '가치'는 분명하게 규정될 수 없으며 이것은 수익성 개념을 전혀 의미 없게 한다. 노인을 치료한다고 어떤 이익을 얻을 수 있겠는가? 노인을 치료하는데 수익성을 따지는 것은 야만으로 되돌아가자는 위협처럼 들린다. 태도의 일관성을 유지한다면 경제적 이유로 청년에 대한 치료도 수익성을 따지지 말아야 할 것이라는 사실을 인정해야 한다. 치료가 행해져야 하는 것은 치료로 인해 앞으로 사회에 발생할 수익 때문이 아니라 환자가 치료를 필요로 하고 있으며 공동체는 당연히 그에 대한 도움을 거부할 수 없기 때문이다.

진료에 대한 권리 개념이 나타난 이후로 경제학자들은 보건에 개입할 수 없게 되었다. 그런데 보건 분야의 자금조달은 늘 국가예산의 더 큰 부분을 차지하고 있다. 국가예산에서 보건부문의 몫은 과도한 것으로 판단되어야 할까 불충분한 것으로 판단되어야 할까? 사회 복지의 적자가 축소되어서는 안 된다면 어떤 목적 때문일까? 답할 사람은 경제학자가 아니라 시민이다. 전형적으로 정치적 결정과 관련된 것으로 그것은 사회가 지향하는 문명적 선택을 전제로 하고 있다. 전문가들은 학자들이 화성 탐사 프로그램의 영향을 평가할 수 있는 것과 마찬가지로 공중 보건 개선 프로그램의 경제적 결과와 비용을 산정하기 위해 난해한 계산을 할 수 있다. 하지만 이 프로젝트들 중에서 우선권을 결정하는 것은 시민의 몫이다. '윤리적 민주주의"의 틀 내에서 권력의 결정 방향을 정하는 것은 시민의 몫이다.

따라서 결정권의 우선순위는 수정되어야 한다. 재무장관이 보건부의 예산 총액을 결정해서는 안 된다. 자신에게 필요한 예산을 더 잘 계산할 수 있는 것은 보건부 장관이며 재무장관은 재정정책을 보건부 예산에 맞추어 특히 국고 징수 수준을 조정하여 지출을 충족시켜야 한다. 인과관계가 뒤바뀌었다는 사실은 전혀 문제가 되지 않는다. 전쟁 시에 인과관계의 역전은 체계적으로 이루어지기 때문이다. 조국이 위험에 처했을 때 재무장관은 장관들이 제시한 총부담액을 해결할 권한만 갖기 때문이다. 물질적·경제적 문제는 정책 결정에 따른다.

질병에 대한 투쟁 역시 하나의 진정한 전쟁이며 우리 역사 속에서 인접 국가 국민들에 대해 수행되었던 전쟁들만큼이나 정당하다. 질병에 대한 투쟁은 적어도 같은 정도로 재정적인 절대적 필요성을 젖혀놓는 것을 정당화한다. 진료에 대한 권리는 개별 국가들 속에서 당국의 결정에 좌우되고 있다. 따라서 그것은 우리와 같은 몇몇 국가에선 한낱 꿈에서 거의 실현 가능한 상태로 아주 빠르게 이행할 수 있다. 이제부터 진료에 대한 권리를 전 인류에게 일반화할 때이다. 이를 위해선 보건체계를 국가 단위에서 전 지구적 단위로 확대할 때이다. 분명 승리할 수 있는 이 전쟁은 세계 모든 국민들이 참여할 수 있는 공동 전선으로 인류 전체를 끌어들일 수 있게 될 것이다.

에이즈와 싸우는 방법을 아프리카인들에게 전하는 현실적 어려움은 긴급히 필요로 하는 선진국 행동변화의 한계를 보여주고 있다. 그렇지만 천연두라는 주목할 만한 예는 질병과의 투쟁에서 승리할 수 있다는 사실을 보여주고 있다. 1960년대에 매년 2백만 명이 천연두로 죽었으며 사망자의 대부분은 어린 아이들이었다. 이 재앙을 억제하기 위한 국제적 협력이 이루어졌다. 세계보건기구가 통괄한 조치들은 아주 효과적이어서 1977년 이후로 어떤 사례도 나타나지 않았다. 네 개의 연구소에 보관된 천연두 바이러스는 그 이후로 해를 끼치지 않고 있다.

질병에 대한 인류의 투쟁을 이끌 초국가를 설립함으로써 분명한 사례에서 얻어진 성공을 보편화하는 것이 합리적이다. 모든 단계의 연구, 예방, 치료에서 질병과의 전쟁은 인류 전체의 이름으로 수행되어야 한다.

세계보건기구는 질병과의 전쟁을 수행하는 기구의 초기 단계이다. 이러한 권력이 모든 국가와 모든 질병에로 확대하는 것은 의지의 문제일 뿐이다. 방사성 구름처럼 바이러스는 국경을 무시한다. 모든 국가의 의사들은 '국경 없이' 일하고 보건 체계에서 영향을 받는 예산들 역시 국민의 결정에만 좌우되는 미래에는 인류를 국가단위로 분할하지 않게 될 것이다. 이는 '사회보장의 안정'이라는 개념에서 모든 의미를 삭제한다. 인류와 질병 간의 전쟁은 모두가 기여할 수 있는 모든 전선에서 동시에 수행되어야 한다.

이 프로젝트는 완벽하게 합리적이다. 100년 전 미래학자는 언젠가 모든 시민이 사회적 지위와 무관하게 가장 최근의 기술 진보에 도움을 받아 치료를 받을 수 있으며 몇몇 질병은 분명 박멸될 것이라고 상상했다면 그는 무시당했을 것이다. 다시 말해서 몽상가에게나 얼마나 환상적인 유토피아인가! 자 이러한 유토피아가 오늘날 우리나라에선 거의 현실이 되었다. 앞으로 수십 년 후면 이러한 유토피아가 지구 전체의 현실이 될 것이라고 결정하는 것은 적어도 태양계를 탐험하러 가는 것만큼이나 흥분되는 일이다.

| 정보에 대한 권리 |

개인들 사이 그리고 집단들 사이의 관계를 재정의할 필요가 있게 한 신기술들 중에서 가장 예기치 않은 것들은 정보 교환과 관련이 있다. 신기술들은 새로운 권리와 의무를 낳게 했다. 겨우 한 세기도 안 돼 권리와 의무 영역에서 모든 것이 변화했기 때문이다. 시발점은 전파의 발견이다. 전파의 이용과 함께 정보 전달의 시간차가 사라졌다.

유익한 결과들 중 하나는 인류의 동질성 따라서 모두가 공동운명체라는 사실을 더 잘 의식하게 되었다는 사실이다. 2004년 12월 쓰나미 같은 자연 재해에 대한 것일 수도 있고 르완다의 집단학살처럼 인간이 자행한 재난 혹은 먼 행성에 관측기구를 착륙시키는 기술적 위업과 같이 모든 사람이 동시에 주목하게 되는 사건들은 공동체적 되어가기라는 일반화된 참여의 감정을 느끼게 한다.

통신망 덕분에 우리는 지구의 미래가 우리 모두와 관련이 있으며 집단 학살의 광기가 어느 나라 국민에게나 일어날 수 있는 일이며 점유하기 위해서가 아니라 이해하기 위해 함께 우주를 탐사할 수 있다는 사실을 알고 있다. 똑같은 사태가 현실에 대한 모두의 시각을 풍요롭게 하는데 기여하고 있다. 우리는 동일한 감정, 동일한 부끄러움, 동일한 자부심에 이르고 있다. 따라서 첨단 정보과학 기술의 행복한 귀결은 중요하지만 그 영향력이 너무 새롭고 광범위해 그 위험성을 따져 볼 필요가 있다.

라디오와 관련해 위험은 제한되어 있었다. 우리의 뇌는 아주 오래전 선사시대부터 소리와 말의 흐름에 대처하는데 익숙해져 있기 때문이다. 하이파이 스테레오 스피커가 전달하는 소리는 아주 자연스럽게 이러한 흐름에 동화되며 그것들은 우리가 소화할 준비가 되어 있는 자양분을 제공한다. 반면 TV화면에서 우리에게 제공되는 범람하는 이미지에 저항할 수 있는 어떤 훈련도 되어 있지 않다. 영화와 TV세대 이전의 옛날 우리 선조들의 눈과 중추 신경계는 끊임없이 변화하는 그렇게 많은 형태와 색깔의 공격을 받아 본 적이 없다. 관련된 표현이 보잘 것 없으면 보잘 것 없을수록 그 속도는 더 빠르다. 우리는 전례 없는 정보의 홍수 속에 살고 있다. 정보의 홍수는 우리의 시선을 끌고, 우리의 신경세포와 신경망을 엄습하여 우리의 반응능력을 혼란시키고 우리 없이 혹은 우리와 무관하게 우리의 정신을 형성하고 있다. 현실과 우리의 현실 인식 사이에 TV화면을 배치함으로써 TV화면은 사람들에게 중독성과 욕구를 불러일으키는 마약과 같은 영향을 미치고 있다.

이미지의 존재는 흔히 메시지에 대한 이해를 돕기보다는 메시지를 이해하는 데 방해가 된다. 이러한 해로운 효과는 발언자의 이미지가 말과 함께 나올 때 드러난다. 몸짓과 표정에 대한 관심이 말의 의미를 혼란스럽게 한다. 폭동이나 전쟁같은 비극적 사건에 대한 정보를 전하는 것과 관련될 때 이런 현상은 훨씬 더 심각하다. 분쟁, 혁명에 대해 말할 수 있을 때마다 그것들을 보여줄 수는 없다. 기껏해야 중요하지 않거나 기만적인 아주 부분적인 면만 보여줄 수 있을 뿐이다. 전쟁을 '하고' 있는 사람들은 전쟁에 참여하고 있다는 것을 의식하고 있지만 전쟁에 대해 말하기를 거부한다. 그들은 전쟁에서 어떤 것도 보지 못하기 때문이다. 몇몇 중요 지도자들만이 전쟁을 전체적으로 인식한다. 하지만 그것은 땅위에서가 아니라 참모본부의 지도 위에서 전개되고 있는 다른 전쟁과 관련된 것이다. 비극적 사건들을 담을 책임이 있는 현명한 카메라맨이라면 자신은 지엽적인 것 밖에는 보여줄 수 없다고 스스로 인정하게 될 것이다.

텔레비전을 예전 정보수단이 발전한 것이라고 믿는 것은 텔레비전에 대한 지나친 과대평가다. 사실을 묘사하고 자신들의 의도에 대한 성찰을 제시하는 신문이나 잡지를 텔레비전은 전혀 계승하지 못하고 있다. 텔레비전은 차라리 예전에 거리에서 만병통치약을 팔던 약장수나 당대의 관심사를 장황하게 늘어놓는 삽화가 든 잡지를 파는 행상인의 자리를 대신하고 있다. 자료가 말인 라디오가 인쇄정보 수단의 연속성 속에 있는 것처럼 자료가 움직이는 이미지인 텔레비전은 우리 유전형질의 변화만큼 걱정스러운 현실과 우리의 관계 속에서 변화를 이루고 있다.

방송을 하는 사람들이 갖고 있는 엄청난 권력 때문에 이러한 불안감은 가중되고 있다. 많은 역사가들은 히틀러가 독일 국민을 속박한 그물망에 대해 그가 확립한 라디오의 역할을 강조하고 있다. 역사를 재구성하고 있는 몇몇 사람은 당시 텔레비전을 이용했을 경우 권력을 장악하는데 텔레비전이 미치는 영향을 상상했다. 우리는 말에 의한 정신적인 집중선전의 효과에 대해 알고 있다. 그런데 이미지를 통한 세뇌는 얼마나 더 효과적이겠는가. 따라서 시민 개개인의 자유의지를 보존하고자 하는 어떤 사회도 이러한 도구의 남용을 경계해야 한다. 또한 시민 개개인의 자유의지를 보존하고자 하는 사회는 방송이 위임된 사람들에게 그들의 목표가 국가에 의해 정해진 것인지 아니면 그들 스스로 정한 것인지 분명히 밝히도록 요구해야 한다.

최근 TF1채널 사장은 이러한 업무에 대해 고백하며 자신들의 활동에 대한 합목적성을 기술한 일이 있다. 그 결과는 생각해 볼만하다. 라디오와 텔레비전 진행자와 작가들이 결성한 멀티미디어 작가 시민 협회인 SCAM의 게시판에 올라있던 그의 고백을 전재한다. "TF1채널 사장은 TF1의 역할은 예를 들어 상품을 파는 코카콜라 회사를 돕는 일이다. 그런데 광고메시지가 받아들여지기 위해선 시청자들의 뇌가 유연해야 한다. 우리 방송은 시청자의 뇌가 유연해지게 하는데 적합하다. 말하자면 두 가지 메시지 사이에서 시청자들의 뇌를 준비시키기 위해 시청자들의 뇌를 즐겁게 해 긴장을 풀어주는 것이다. 우리가 코카콜라 회사에 파는 것은 인간의 뇌가 유연해진 시간이다."

읽은 데로다. 이 텔레비전 사장의 정신 속에서 그의 역할은 매상고에 탐욕스러운 기업들에게 정신의 유연성이라는 상품을 팔기 위해 시청자들을 바보로 만드는 것이다. 사람들은 우울한 기억을 연상시키는 괴벨스가 유사한 견해를 가진 협력자를 이용했다면 국민들이 복종하는 가운데 얼마나 그 유효성을 향상시킬 수 있었을 지를 상상한다.

이 글에서 최악은 글의 저자가 분명 자신들의 진짜 목적을 표현하고 있다는 사실이다. 그에게 오페라를 방송하고 철학자들 간의 토론을 계획하거나 카메라 앞에서 정치인들이 갑론을박하게 하는 것은 시청자들이 처한 수용적 태도에 의해서만 정당화된다. 중요한 것은 방송 프로그램 그 자체가 아니라 방송 프로그램에 이어지는 공허의 순간이다. 이 순간은 바로 공허하기 때문에 맥도날드 매장에 들어가면 맛있는 것을 먹게 될 것이라고 시청자들을 쉽게 설득할 수 있게 된다.

거리의 약장수와 행상들은 전혀 위험하지 않다. 그들의 영향은 제한되어 있기 때문이다. 그들은 재미있게 하는 사람들에 불과하다. 오늘날 텔레비전은 대체적으로 이러한 재미있게 하는 사람의 역할을 분담하고 있지만 동시에 위임도 받지 않은 채 정신의 형성에 개입하고 있다. 시민들을 바보로 만드는 것을 목표로 자임하고 있다는 사실은 얼마나 위험할 수 있는 지를 보여주고 있다. 시청자를 바보로 만드는 것은 정보의 정확성만 위험한 것이 아니다. 그것은 특히 젊은 지성인을 형성하는 데에도 위험하다. 수십 년 전부터 자연스럽게 이루어지고 있는 점진적 변화에 의해 젊은이들은 더 이상 학교가 아니라 TV화면을 통해 세계를 배워가고 있다. 교과 과정이 자유롭게 의문을 품고 비판할 수 있는 자유로운 정신이 분출할 수 있도록 하기 위해선 특히 주의할 필요가 있다. 교육 혁신은 다행스럽게도 매번 오랜 논쟁의 주제가 되었다. 하지만 더 많은 사람들의 환심을 사는 것만을 목적으로 하는 시청률만으로 방향이 결정되는 바보 같은 방송 프로그램들이라는 불도저에 밀려 어려운 교육혁신은 전혀 이루어지지 못한 채 갈팡질팡하고 있다.

어떻게 대응해야 할 것인가? 모든 사람들, 특히 마약에 대해 스스로를 지킬 수 있을 정도로 잘 무장되어 있지 않은 사람들에게 예방 없이 마약을 자유롭게 이용하게 하는 것과 '움직이는 이미지들'의 흐름이 얼마나 유사한 것인지를 이해하는 것이다. 우리 사회는 마침내 예방이 알코올 중독과 흡연을 줄어들게 하며 최선의 방법은 금지에 기초한 것이 아니라 성찰, 통찰력, 개인적 결단에 근거하고 있다는 사실을 이해하게 되었다. 마찬가지 방식으로 우리 사회는 시청자들이 남용하면 위험한 즐거움을 제공받고 있다는 사실을 설득시켜야 한다. 우리는 텔레비전 방송 프로그램들이 지드가 자기 독자들에게 충고한 예를 따르는 것을 상상할 수도 있다. 즉 "당신이 나를 이해했다면 나를 버리겠지."

| 주거권 대 재산권 |

윈스턴 처칠은 민주주의를 정의하기 위해 다음과 같이 말했다. "새벽 6시에 누군가 당신 집 초인종을 누를 때 두려워하지 말라. 그는 우유 배달부이다." 현재 파리와 같은 도시에선 민주주의가 전혀 완벽하지 않다. 새벽에 초인종 소리는 때로 파성추로 문을 부수고 건물로 진입하는 공화국 보안 부대의 도착을 알리고 있다. 물론 이런 일은 가난한 가족들이 불법으로 점거하고 있는 빈민가에서만 일어나고 있으며 고급 아파트 거주자들은 평화로운 잠자리를 보장받을 수 있다. 그런데 이런 대조적인 상황을 어떻게 받아들여야 할까? 우리나라에 고약한 어떤 것이 존재한다는 사실을 이해하기 위해선 이른 아침 아직 잠들어 있는 아이들과 함께 거리로 쫓겨나 버려지는 가족들의 혼란을 공감하는 것으로 충분하다.

주거권은 예전에는 전혀 문제가 되지 않았다. 필요와 사용할 수 있는 건물 간에 자연스럽게 조정이 이루어졌기 때문이다. 인구수는 안정적이고 쾌적한 시설에 대한 요구는 느리게 진전되었다. 사용 가능한 건물들이 세대에서 세대로 전해졌고 유지와 약간의 보수만을 필요로 했다. 주거할 수 있는 건물에 대한 수요와 공급간의 조정은 특히 프랑스에선 제2차 세계대전의 파괴, 도시로의 인구 유입에 따른 농촌 공동화, 과거 식민지에서 이민자들을 유입하게 하는 국제 정치 변화와 마지막으로 위생 문제에 대한 새로운 요구들(수도, 전기, 하수도)이 겹쳐지면서 단절되었다.

주거 수요와 공급 간의 괴리는 당시 의회가 1990년 주거권 개념을 다음과 같이 분명히 할 정도였다. 모든 환자는 사회적 지위와 무관하게 치료받을 권리가 있는 것과 마찬가지로 모든 가족은 수입과 무관하게 집에서 거주할 권리가 있다.

남은 일은 이러한 중요한 원칙을 실현하는 것이다. 누구나 이용할 수 있는 건물을 짓기 위해선 공동체가 아주 엄청난 재정적 노력을 해야 하기 때문에 다른 목표들을 포기해야만 한다는 것을 의미한다. 그것은 사실상 불가피하게 대규모로 취해질 수 없는 고통스러운 결정이다. 또 다른 해결책은 특히 파리에 있는 사용 가능한 부동산을 더 효율적으로 활용하는 것이다. 파리에 선 많은 아파트들이 비어 있는 상태다(여러 가지 자료에 따르면 약 10만 채). 이는 말하자면 재산권을 제한할 수 있는 징발권을 행사할 공권력의 개입을 전제로 하고 있다.

두 가지 권리 간의 대립은 사회의 암묵적인 윤리적 선택을 드러내는 경우다. 어떤 권리가 더 신성한가? 개인이 자유롭게 사용할 수 있는 재산권인가 아니면 집에서 주거할 수 있는 가족의 권리인가?

재산권은 일반적 사회 기능에 필수적인 것으로 제시되고 있다. 재산권은 흔히 '인간의 본성'에 내재되어 있는 것으로 받아들여지고 있다. 정말 그럴까?

아주 오래전 구석기 시대 선조들의 방랑하는 삶은 자기가 산출한 어떤 재산의 소유에 전혀 유리하게 작용하지 않았다. 방랑하기 위해선 너무 많은 소유물로 방해받지 않고 가볍게 여행할 필요가 있었다. 당시 소유라는 개념은 대상을 갖지 않았다. 소유라는 개념은 분명 농업, 목축과 함께 나타나 일반화되었을 뿐이다. 부를 산출하는 노고를 감수한 정착민은 창출한 부에서 혜택을 입는 것이 합리적이라고 생각했다. 경작한 농지에 씨를 뿌리고 재배한 것은 나이며 수확한 곡물은 나의 가족이 소비했다. 각 단계의 노동으로 미래의 필요에 대비했다. 따라서 공동체는 미래를 충족시킬 수 있게 준비하는 것이 실질적으로 존중될 것이라고 보장해 줄 필요가 있었다. 재산권은 노동이 부의 주된 원천인 사회에서 합리적 행동으로 편입되었다.

하지만 소유권이 자신들의 활동으로 부를 생산한 사람들에게 유보되어 남아 있는 것은 아니었다. 불필요한 확대 적용으로 많은 사회들이 가족의 연속성이라는 명목하에 재산권이 세대 간에 이전되는 것을 받아들였다. 소유와 개인적 노고 사이의 관계는 이처럼 단절되었다. 재산의 소유와 재산 이용의 배타성은 더 이상 필연적으로 자의적일 수밖에 없는 관습에 의해 정당화될 수 없다. 유산 상속자들은 최소한의 부도 산출하지 않으면서 때로 아득한 혹은 가공의 조상들이 했던 노력에서 혜택을 받을 수 있다.

이미 부자인 사람이 부자되기가 더 쉬운 것처럼 자본축적의 자연스러운 과정이 다른 사람들을 희생시킴으로서 좌절, 질시, 갈등을 야기하며 일부 사람들에게 유리하게 확립되어 있다. 이러한 왜곡된 결과는 너무 명백해 어떤 문화들에선 그 왜곡된 효과의 결과를 완화하기 위한 조처들을 고안했다. 예를 들어 유대인들에게 대사(大赦)의 해는 소유에서 중간 휴지(休止)로 노예를 해방시키고 이전 50년간 부동산으로 물려받은 재산을 국가에 반납해야 했다. 마찬가지로 이슬람 문화에서 매년 3%의 재산세를 예정하고 있다. 프랑스의 ISF★는 이슬람 문화권의 재산세를 약하게 모방하고 있는데 불과하다.

사실상 수정 조치는 거의 취해지지 않는다. 고유한 힘에 이끌리는 부자들의 치부 메커니즘은 개인이나 집단이 어떤 장애에도 부딪치지 않게 된다. 심지어 최근엔 폭주하기까지 한다는 사실을 보여주고 있다. 전체적으로 오늘날 최상층의 부를 소유한 수천 명의 사람들이 '패자' 집단에 속하게 된 수십억의 불행한 사람들 전체보다 더 많은 부를 소유하고 있다. 일부의 과도한 부와 나머지 사람들의 가난 사이의 격차는 끔찍해지고 있다.

소유 개념에 대한 또 다른 확대 적용은 인간의 노력에 의해 생산된 것이 아니라 자연에 의해 제공된 부와 관련된다. 끊임없이 갱신할 수 있는 부와 관련될 때 특히 계절의 순환과 자의적인 계절의 전횡은 쉽게 수용될 수 있다. 하지만 오늘날 우리는 지구가 두 번이 아니라 한 번만 제공할 수 있는 자원을 자유로이 사용하고 있다. 재생될 수 없는 자원들 중 가장 주목할 만한 예는 석유와 천연가스다. 우리는 기술에 기반 한 우리 사회에서 소중하게 된 석유와 천연가스가 수 억년에 걸친 생산 과정의 결

★ 재산에 대한 연대세금 L'impôt de solidarité sur la fortune (ISF) ; 790000만유로 이상의 세습재산을 보유한 개인이나 부부가 내는 프랑스의 세금, 이 누진세는 0.55%에서 1.80%에 이르는 상위 유산재산계층에 부과된다. 점차 폐지되고 있지만 EU의 몇몇 다른 나라들에서도 유사한 세금이 존재하고 있다.

과라는 사실을 알고 있다. 그것들을 파괴하는 것은 분명 그것들을 사라지게 하는 것이다. 따라서 그런 물질들을 사용하기 이전에 다음과 같은 질문에 답할 필요가 있다. "석유나 천연가스와 같은 지하자원은 누구의 소유일까?" 가장 합리적인 답변은 "모든 사람의 것"이라는 답변이며 이 "모든"이라는 단어엔 65억이 아니라 인류의 종말에 이르기까지 그들을 계승할 수백억의 인간 존재들을 포함하고 있다. 이러한 답변은 우리가 석유나 천연가스에 대해 자행하고 있는 흔히 가속화되고 체계화된 불필요한 파괴를 정당화할 수 없게 하고 있다. 석유나 천연 가스와 같은 자원은 어느 모로 보나 우리 못지않게 우리 후손들의 소유라는 것이 분명하기 때문이다. 그렇다면 철학자 푸르동의 다음과 같은 잘 알려진 확인된 사실에 어떻게 동의하지 않을 수 있겠는가. 우리가 파괴하기 위해 소유하고 있는 부를 우리는 그들에게서 훔치고 있다. 그렇다. 독점된 재산이 재생될 수 없는 자연 자원일 때 "소유하는 것은 훔치는 것이다."

'불의 전쟁'은 소설가의 창작이지 역사적 사실은 아닐 가능성이 높은 만큼(자기가 갖고 있으면서 다른 사람들에게도 줄 수 있는 불과 같은 재산 때문에 왜 서로 싸우겠는가?) 인류 역사상 가장 주목할만한 부분을 구성하고 있는 대다수의 위험한 대립은 부의 차이, 따라서 과도한 재산권의 탓으로 돌리는 것이 정당화된다.

오늘날 새로운 필요에 조화될 수 있도록 하기 위해선 분명 재산권에 대해 다시 생각해볼 필요가 있다. 진정한 주거권의 확립은 파리와 같은 도시에서는 특히 당국이 이용할 수 있는 징발권을 다시 활성화하면서 재산권을 제한하는 계기일 수 있다. 하지만 이러한 일시적 조치들이 유용할지 모르지만 절박한 수준에 있는 것은 아니다. 작아진 지구상에서 어떤 이에게 부여된 것은 아직 태어나지 않은 인류의 구성원이 될 수 있는 또 다른 사람에게서 빼앗는 것이다. 권력을 위임받은 측과 따르는 측 사이에, 부자와 가난한 자 사이에, 현재와 미래 사이에 조정이 필요하다. 이러한 조정들을 호전적 대립이나 경쟁적인 경제의 작용에 맹목적으로 방치하기에는 그 위험이 너무 크다. 더 이상 수동적인 경제가 아니라 의지주의적 경제를 생각해볼 필요가 있다.

인근 건물들이 비어있는 반면 가족들이 거리에 나앉고 어린 아이들을 쥐구멍 같은 곳에서 재워야 할 때, 2005년 여름 파리에서처럼 빈민가에서의 몇 차례 화재로 수십 명이 목숨을 잃게 될 때 재산권에 이의를 제기하며 저항하지 않는 것은 범죄다.

이러한 견해엔 대체로 공감대가 형성되고 있다. 나는 이 같은 견해가 대통령의 의견임을 증명할 수 있다. 피에르 신부가 이끄는 대표단을 접견한 대통령은 재산권의 불가침적 특성은 오로지 투기만을 고려하고 있는 금융 집단에 의해 도시 중심부에 텅 빈 채 비워져 있는 건물들에게까지 확대 해석되지 않는다고 인정했다. 이 도시 중심부인 드라공에서의 투기는 주거권 투쟁으로 널리 알려지게 되었다.

대통령의 발언은 구체적인 조치로 이어지지는 않았다. 구체적 조치를 제시할 수 있도록 우리의 유토피아를 이용하기로 하자. 당연히 어떤 계약도 무한히 지속될 수는 없다. 다시 말해서 장기임대차 계약은 89년 이상 지속될 수 없으며 평생임대차는 3세대 이상 저당 잡혀질 수 없다. 그런데 세대 간의 재산권은 재산보유에 대한 사회 계약에 상응하는 것이다. 이러한 계약은 유대인들이 대사의 해로 50년마다 부의 측정을 0에서 다시 시작하는 방식으로 재산권도 지속 기간이 제한되어야 할 것이다.

따라서 이러한 영역에서 우리의 유토피아는 곧 현실이 될 것이라고 순진하게 기대할 수 있다. 권력이 비참한 상태에 있는 가난한 가족들의 숙소로 공화국 보안 부대를 보내기보다는 법의 이름으로 투기를 목적으로 비어있는 건물들로 파성추를 이용해 공화국 보안 부대가 진입하도록 요구할 때 공화국 보안 부대는 마침내 진정으로 '질서 유지군'으로 보일 수 있을 것이다.

| 평화에 대한 권리 |

마침내 늘 재발되는 전쟁의 재앙에서 벗어나게 될 인류를 꿈꾸지 않는 사람이 어디 있겠는가? 오늘날 역사 상 그 어느 때보다 이러한 꿈이 이루어질 가능성에 근접해 있다. 서로를 죽이기 위해 사용될 수 있는 수단들이 사실상 그것들을 사용할 경우 인류 자체의 생존을 위협할 수 있는 정도에 이르고 있다. 원자폭탄과 수소폭탄은 적만 말살하는 것이 아니다. 원자폭탄과 수소폭탄은 거주할 수 없을 정도로 지구의 기후를 변화시킬 수 있다. 모의실험에 따르면 기존에 만들어져 있는 핵폭탄 중 일부가 핵분열을 일으키는 것으로도 인류를 포함한 진화된 대부분의 생명체를 말살하는 '핵겨울'을 일으키기에 충분하다. 따라서 전체적인 집단 자살이 가능해졌다. 분명 아무리 고상한 목표라도 인류의 집단적 자살이라는 대가를 감수하고라도 지켜져야 할 가치는 없다.

누가 보아도 명백한 사실이 프랑스에선 무시되고 있는 것처럼 보인다. 프랑스의 공식적 독트린은 "중요한 이해관계가 위협 받는다"면 핵폭탄을 사용할 수 있다는 것이다. 이 같은 견해는 프랑스인들이 자국을 보존하기 위해 기꺼이 인류 역사를 종식시키겠다는 것이다. 이러한 기괴한 공식적 견해에 대해 몽테스키외는 다음과 같이 말할 것이다. "나에게 유용하고 나의 가족에게 해로운 어떤 것을 내가 알고 있다면 나는 나의 정신으로 그것을 거부할 것이다. 나의 가족에게 유용하고 나의 조국에 해로운 어떤 것을 알고 있다면 나는 그것을 잊고자 할 것이다. 나의 조국에 유용하고 유럽에 해가 되거나 유럽에 유용하고 인류에게 해로운 어떤 것을 알고 있다면 나는 그것을 범죄로 간주할 것이다."

사실상 핵전쟁의 위협은 너무 끔찍하기 때문에 핵전쟁의 위협이 국지적 분쟁이 일어났을 때 역설적으로 전쟁 억제 효과를 갖는다. 때문에 어떤 전략들은 주저 없이 평화를 위해 핵무장을 주장한다. 평화를 위해 핵무장을 해야 한다는 견해에 따르면 모든 측면을 고려해 보았을 때 핵무장은 공포의 균형을 가져올 수 있다. 50년 전부터 사용되어 본 적이 없는 핵무장은 핵무장을 했다는 사실만으로도 많은 분쟁에 대한 해결을 앞당기게 하는 데 기여했다. 이에 걸 맞는 다음과 같은 적절한 교훈을 들 수 있을 것이다. "평화를 원한다면 전쟁을 준비하라."

사실상 이러한 격언은 어리석음의 극치이며 그 합리성은 비에 젖지 않기 위해 강에 뛰어든 멍청이의 지혜와 유사하다. 사실상 공포의 균형은 본질적으로 불안정한 균형이다. 보유하고 있는 측들 중 한쪽이 폭탄들 중 하나를 사용하게 되면 전멸하기 전에는 멈춰지지 않는 아주 위험한 연쇄반응으로 이어지게 되는 즉각적인 대응을 불러일으킬 것이다. 사람들이 핵무기들은 절대 사용되지 않을 것이라는 절대적인 확신을 갖게 되면 위험은 사라지겠지만 평화를 유지하는 힘도 잃게 된다. 핵무장은 핵의 사용이 확률적으로 전혀 없지는 않다면 다시 말해서 총체적 자살이 수용될 수 있는 것으로 받아들여질 때만 가정된 유익한 역할을 할 수 있을 뿐이다. 하지만 이것은 무엇보다 피해야 할 가능성이다. 따라서 전쟁에서 벗어난 세계를 향한 첫 걸음은 제조하지 않는 것이 더 나았을 이러한 무기들에 대한 완전 폐기다.

이와 반대로 프랑스는 최근(2006년 1월) 테러리즘에 대한 투쟁에 핵억제를 확대한다고 결정하면서 의도적으로 정반대방향으로 나아가고 있다. 공포의 균형은 훨씬 더 불안정하게 되었고 인류의 부끄러운 종말이 일어날 확률은 증가하고 있다. 이러한 '범죄'에 대해 몽테스키외는 어떤 말을 할까?

1945년 7월 16일 미국의 사막에서 처음으로 시험된 이후 두 가지 견해가 제시되고 있다. 한쪽은 기이한 실험을 성공한데 만족한 엔지니어들, 전쟁에서 승리할 수 있는 결정적인 수단을 소유하게 된 것을 기뻐하는 군인들과 지구에서 가장 강력한 국가의 대통령이라는 사실에 자랑스러워하는 해리 트루먼과 같은 정치인들이고, 다른 한쪽은 위협적인 새로운 효율성이 인류를 어떤 길로 인도하게 될지 곧 이해하게 된 통찰력 있는 사람들이다. 이 프로젝트를 주도한 물리학자들 중 한명인 로버트 오펜하이머도 그 중 한 사람이다. 한쪽은 눈앞에 보이는 성공의 관점에서 추론한 사람들이고 또 다른 쪽은 앞으로의 일을 예견한 사람들이었다. 한쪽은 근시안적이고 다른 한쪽은 통찰력을 가진 사람들이었다.

개인적으로는 해리 트루먼이 히로시마 이어 나가사키에서 행동에 옮겨지는 결정을 했다. 그는 전혀 주저하지 않은 것처럼 보인다. 이미 패전이 예견된 일본에 대해서 뿐 아니라 특히 소련이라는 불안한 동맹국에 대해서도 자신의 힘을 과시했다는 생각에 아주 만족해했다. 역사가들은 다음과 같은 질문에 답할 수 없다. "세달 전 사망한 루스벨트 대통령도 같은 결정을 내렸을까?" 루스벨트 대통령은 근시안적인 사람은 아니라고 알려져 있다. 루스벨트는 "하지 않는 것이 더 가치 있는 일들이 있다."라고 기록하고 있는 앨버트 아인슈타인의 걱정을 더 잘 이해했을 것이다.

알려진 것처럼 근시안적인 사람들에 의해 일련의 결정들이 내려졌다. 핵무기의 축적이 지구가 감당할 수 있는 것과 양립할 수 없기 때문에 불합리한 수치에 이르렀다는 사실을 애써 무시하며 각국은 자국의 고유한 이해관계를 우선적으로 고려해왔다. 자국의 이해관계만을 우선시 하는 이들에겐 그들의 결정을 비난하는 사람들의 시각과는 별개로 아주 합리적인 결정인 셈이다. 각국의 지도자들은 이제 자신들의 결정이 비합리적이라는 사실을 깨닫고 있는 것처럼 보이지만 상황은 그들이 생각하는 것보다 훨씬 절박하다. 테오도르 모노가 우리를 떠나지 않았다면 그는 분명 타베르니에 있는 프랑스군 핵 사령부 앞에서 히로시마 원폭 기념일 마다 강한 인상을 주었던 단식을 재개했을 것이다.

인류에게 가장 위험한 당사자, 다시 말해서 기술적으로 핵폭탄 같은 죽음의 무기를 생산해 그것들을 사용하기로 결정할 수 있는 국가의 지도자들이 결국 이 같은 절박함을 인식하고 반대 방향으로의 변화를 시도하고 있는 것처럼 보인다.

하지만 핵무기가 없는 인류를 향한 자성의 움직임은 오래 지속될 것이다. 늘 더 큰 힘을 향한 진행방향으로 나아가는 사람들의 맹목적인 고집스러움은 정신착란적이기 때문이다. 양대 강국 사이의 경쟁에 자극받은 이러한 진행방향은 힘이 더 이상 TNT 킬로톤이 아니라 1천배는 더 많은 메가톤으로 측정될 수 있는 수소폭탄 제조에 이르게 했다. 상대보다 더 강하다는 눈앞의 목표라는 강박관념에 사로잡힌 세계의 지도자들은 인류의 생존이 보존되고 혹은 보존되어야 한다는 먼 미래의 목표를 무시하고 있다. 인류의 생존이라는 목표는 1980년대까지 언급조차 되지 않았다. 1980년대가 되어서야 사람들은 어떤 분쟁의 결과를 걱정하게 되었고 인류의 미래를 종식시킬 핵겨울의 가능성을 발견한 것이다.

우리는 지금 일부 공상가들의 통제할 수 없는 광신에 대해 걱정하고 있다. 공상가들은 자신들의 신조가 승리하게 하기 위해 기꺼이 모든 것을 파괴할 준비가 되어있다. 하지만 광신이 어떤 특정 문화나 종교의 전유물은 아니다. 히로시마에 원폭이 투하된 다음날 "우리에게 이 무기를 주신 그분께 감사를 드린다."라고 공개적으로 말한 사람은 서양인이자 기독교인인 해리 트루먼 대통령이었다는 사실을 잊어서는 안 된다. 이런 상황에서 하느님에 대한 언급은 바티칸의 추기경들이 쇠뇌의 사용을 비난했지만 기독교인들 간의 전투에 대해서만 이러한 금기를 제한했던 12세기 이후로 인간의 의식이 전혀 발전하지 않았다는 사실을 보여주고 있다.

결국 가장 심각한 위험은 원천적으로 그 문제들이 규모만이 아니라 본질을 변화시켰다는 사실을 이해하지 못하는 정책결정자들이다. 핵폭탄은 단순히 그 이전의 것들보다 더 성능이 뛰어난 강력한 폭탄에 불과한 것이 아니다. 다시 생각해야 할 필요가 있는 것은 바로 핵사용의 논리다. 왜냐하면 핵사용의 논리는 사용되지 말아야 한다는 단 하나의 목적을 위해 존재하기 때문이다. 그것이 일반적으로 억제 전략이라 불리는 것이다. 장기적으로 실현 가능한 유일한 해결책은 모든 핵폭탄의 폐기다. 프랑스 같은 나라가 자국이 보유한 핵폭탄을 유일하게 이롭게 이용할 수 있는 방법은 그것들을 파괴함으로써 모범을 보이는 것이다.

일단 프랑스와 같은 강대국의 핵 폐기라는 첫 걸음이 내디뎌질 수 있다면 인류는 어쩔 수 없이 전쟁을 할 수 밖에 없는 운명이라는 무기력한 비관주의와 투쟁해야 한다. "늘 전쟁이 존재했으며 앞으로도 늘 전쟁이 존재하게 될 것이다."와 같이 일반화된 끔찍한 예측을 거짓이라 반박할 필요가 있다. 이 두 개의 '늘'이라는 단어 중 첫 번째 것이 진실일까? 전혀 확실하지 않다. 전쟁이 있었던 것은 인류사의 일부에 불과하다. 다시 말해서 전쟁이 있었던 시기는 기껏해야 1만년 이상으로 거슬러 올라가지 않으며 인류사 전체에 비해 아주 짧은 기간만 지속되었다. 그 이전의 오랜 기간에 대해서 우리는 전혀 모르고 있다. 구석기 시대 우리의 선조들이 직면했던 어려운 조건 속에서 그들이 집단 그리고 마침내 인류 자체가 살아남을 확률을 극적으로 감소시키게 될 체계적인 방식으로 서로를 살해하는 것이 합리적이라고 생각했는지는 전혀 확신할 수 없다. 우리가 알고 있는 것과 같은 전쟁이 신석기 혁명의 여파로 발명되었다는 가설이 아주 설득력 있게 받아들여지고 있는 것이다.

미래와 관련이 있기 때문에 두 번째 '늘'에 대해선 그것이 거짓이라고 반박될 수 있는지 여부는 우리의 의지에 달려있다. 소위 통속적인 지혜는 인류를 정해진 운명에 따르는 것으로 제시함으로써 근본적인 오류를 범하고 있다. 예정설에 대한 생각은 일부 신학자들의 해석에나 내맡기면 된다. 내일은 우리가 만들어가는 것이 될 것이다. 어떤 운명도 우리가 평화롭게 된 인류를 만들 수 없게 결정지을 수는 없다. 하지만 평화롭게 된 인류는 진실로 누구나 간절히 바라고 있는 모습이 되어야 한다.

우리가 희망할 수 있듯이 자연이 제공하는 부가 결국 모든 인류에 속한 것으로 받아들여진다면 국가 간 분쟁의 주요한 원인 중의 하나는 사라지게 될 것이다. 하지만 그것으론 충분하지 않다. 집단과 마찬가지로 개인도 변화해야 하는 것은 상대에 대한 우리의 시각이다. 우리는 반사적으로 다른 대상에 대해 위험과 잠재적인 적을 본다. 두려움 때문에 우리는 공격받을 가능성이 있다고 예상하게 된다. 어제의 분쟁에 대한 기억은 내일의 분쟁을 자극하게 된다. 이런 그릇된 악순환에서 벗어날 때이다. 그러기 위해서 우리는 상대가 우리에게 하나의 근거라는 사실을 배워야 한다. 우리의 노력은 상대와 싸우는 것이 아니라 상대를 만나는 것이 되어야 한다. 전쟁을 분명히 종식시키기 위한 단 하나의 해결책은 만남의 기술을 발전시키는 것이다.

| 만남에 대한 권리 |

"우리는 사람으로 태어난 것이 아니라 사람이 되어간다."라는 에라스무스의 명언을 상기해보자. 이러한 되어가기는 자연의 산물인 어린아이라는 물체가 자기가 존재함을 알 수 있는 인간인 주체로 변화하는 과정이다. 본질적으로 유전적 할당인 이 물체를 생성하기 위해 수집된 정보들은 그 자체만으로 주체적 인간으로 변할 수는 없다. 다른 기원이 필요하다. 물론 전체적으로 환경은 변화에 관여하지만 인류를 특징짓게 하는 것은 각자의 생각을 다른 사람들의 생각과 공감할 수 있게 도와주는 아주 섬세한 언어의 사용이다. 우리는 다른 사람들의 역사로 풍부해질 수 있다.

인간인 나는 라스코 동굴벽화를 그린 것을, 대성당들을 건축한 것을, ≪돈 죠반니≫를 작곡한 것을, 상대성 이론을 생각해낸 것을 자랑스럽게 여길 수 있는 공동체의 구성원이다. 나의 본성은 나의 인생여정을 통해 완성되었으며 이러한 인생여정은 일련의 만남이었고 만남이 될 것이다. 이러한 공통된 모습이 인간화의 핵심이다. 다른 많은 것들을 내포하고 있는 각각의 인간 존재의 가장 귀한 권리는 만남에 참여하는 것이다. "태초에 말씀이 있었다."라는 유명한 문장은 만남의 역할을 잘 설명하고 있다. 이 말씀, 이 말은 듣는 사람과 표현하는 사람이 관련되어 있다는 사실을 필요로 한다. 그렇다, 모든 시작은 하나의 관계를 내포하고 있다.

그런데 만남이 쉬운 경우는 거의 없다. 인간의 발명품들은 흔히 시간을 뛰어 넘을 수 있게 하는 문자나 공간을 뛰어넘을 수 있게 하는 전화와 라디오처럼 만남을 촉진할 목적을 갖는다. 최근 전자 부품의 소형화라는 경이적인 기술은 '휴대용 기기' 소유자의 일반적인 지방색 해소에 도움이 되고 있다. 그들이 듣고 있는 말처럼 그들이 방송하고 있는 말은 공간 전체를 뒤덮고 있다. 만남의 방법은 이전엔 유례가 없었던 유대를 형성하게 했다.

다른 사람을 대할 때 사람들이 느끼는 것은 개인적인 경험을 통해 상반된 태도의 반응을 불러일으킬 수 있다. 즉 두려워하고, 자신을 방어하는데 급급해 스스로를 닫아 버리든지 아니면 함께 나아가는 위험을 받아들여 서로를 신뢰하며 위험을 나누는 것이다. 매 순간 서로 모험으로 가득 찬 두 가지 입장 사이에서 일시적인 균형을 이루게 된다.

각자 자신의 불안과 개인적 희망에 따라 상반된 태도의 균형에 대처하지만 이러한 균형은 사회의 암묵적 발화내용에 영향을 받는다. 능력은 우리사회가 폐쇄를 우선시한다는 사실을 증명하고 있다. 우리사회는 대부분의 만남을 대립, 투쟁, 순위 경쟁의 기회로 제시하고 있다. 극단적인 예는 스포츠다. 경기의 규칙이 무엇이든 각각의 시합은 그것에 참여한 모든 사람에게 유익하고, 유쾌하고, 즐거운 교류인 선의의 경쟁을 고취할 수 있을 것이다. 집단적 태도는 흔히 선의의 경쟁을 빼앗아 승리하고 결국 상대에게 패자의 지위를 강요하는 것을 유일한 목적으로 하는 악착스러운 경쟁으로 변하게 한다. 승리할 수만 있다면 돈과 약물을 포함해 어떤 수단이든 상관없다. 결국 시합의 결과는 몇몇 숫자로 요약되며 스포츠는 점수로 환원되는 것이다. 생명체를 해골로 단순화하듯 경기의 현실을 점수로 단순화하는 것이다.

항구적인 경쟁적 태도가 스포츠에 한정된다면 그것은 지엽적인 것에 불과할 것이다. 유감스럽게 초등학교 때부터 경쟁적 태도는 필수불가결한 것으로 제시되어 자연의 교훈에 부합하게 될 뿐이다. 아주 단순화된 다원주의가 경쟁적 태도를 정당화하기 위해 이용된다. 즉 종의 진보는 영속해야 하는 무자비한

'생존 투쟁'의 결과로 제시된다. 사실상 진화의 계통수는 필연보다는 우연에 더 많이 기인하고 있는 갈라짐을 보여주고 있다. 우리 삶에서 특히 인간적인 부분인 교류라는 사건의 흐름에서 어느 것도 우리가 생존 투쟁을 계속하도록 강요하지는 않는다.

내가 체험했던 교류는 나의 기억 속에서 "사람들이 모든 것을 잊었을 때 남아있는 것"으로 나타난다. 그것들이 나를 형성했다. 과거의 어떤 시선이 어떤 것도 예고하지 않고 어떤 것도 준비하지 않은 만남들을 생생하게 떠오르게 하며 그것은 분명 나의 소중한 것들 중 일부를 이루고 있다.

예를 들면 나는 앞서 거론했던 '격리되어' 파견되었던 국립 인구문제 연구소의 복도에서 유전학 전문가 장 수터 박사와의 만남을 기억하고 있다. 그는 그 누구보다도 먼저 집단유전학 덕분에 의학적 측면과 무관하게 유전학이 어떻게 발전할지 이해하고 있었다. 자신의 직관과 설득력으로 그는 내가 전혀 몰랐던 분야에 참여하게 했다.

예를 들면 나는 이후로 무수히 이어졌던 피에르 신부와의 첫 번째 대화를 기억하고 있다. 그것은 자기 집에서 쫓겨난 가족들을 수용하기 위해 에모이가 역 플랫폼에 설치한 천막들 중 하나에서였다. 그날 밤 불법점거를 계속해야 할지 멈추어야 할지 결정해야 했다. 피에르 신부는 현실 감각을 촉구하기 위해 개입할 수 있었다. 전적으로 그 가족들의 선택을 존중하면서 피에르 신부는 더 합리적인 태도를 되찾도록 도와주었다.

예를 들면 나는 인류의 미래에 대한 희망을 완전히 잃은 듯이 보이는 르네 뒤몽과의 마지막 만남을 기억하고 있다. "인간은 지구에 거주하고 있는 모든 생물에게 가장 위험한 존재다. 인류가 사라진다면 다른 생명체들은 더 이상 약탈자에 대한 걱정 없이 즐거워할 수 있을 것이다." 이러한 비관주의는 유감스럽게도 통찰력이 있는 것이었다. 이 장을 쓰면서 나는 내가 비관주의에 빠지지 않을 이유를 애써 찾고 있다.

예를 들면 나는 올림피아의 숙소에서 아주 늦게까지 이어진 프랑스 앵테르 신문의 레이몽 드보와 시작한 대화를 기억하고 있다. 내가 그에게 했던 몇 가지 평범한 이야기는 놀랍게도 비약을 했고 그의 대응으로 변모되어 더 이상 나의 것도 그의 것도 아닌 그들의 생각을 표현할 수 있게 되었다고 느꼈다. 그와 함께한 말들은 고유한 자율성을 얻어 그 말들은 다른 우주로 가는 길을 열어주는 매체인 창조자가 되었다.

예를 들어 나는 예후디 네누힌에 의해 활기를 얻은 세미나들에 참석했던 일을 기억하고 이다. 그는 신분증명서 폐지를 지지하고 싶어 했다. 천재적인 바이올린이스트로서 세계적인 찬사를 받고 있는 그는 무엇보다 많은 사람들에게 운명지어진 운명적 반항인 이었다. 정신과 행동에 만연해 있는 폭력 앞에서 그는 "법률만으로는 인간을 통제할 수 없으며 법은 심지어 위험할 수도 있다"고 기록하고 있다. 그는 불법의 위험을 감수하는 사람들을 이해하고 있었다. 그는 자신의 글들 중 하나에서 다음과 같이 덧붙이고 있다. "Dear friends if this will helf, please do use it in one of your publictions(친구들이여 이것이 도움이 된다면 여러분의 책에 이 글을 인용해 주십시오)." 그의 호소는 나의 글에서도 실현되고 있다.

예를 들면 나는 기억하고 있으며……

나는 무수히 많은 사람들과의 만남을 떠올릴 수 있다. 나는 그들이 나에게 불러일으킨 풍부함을 당시엔 제대로 평가할 수 없었다는 사실을 알게 되었다. 나이가 들면서 나는 내게 '만남의 기술'을 가르쳐줄 학교로 되돌아갈 필요성을 더 많이 따져 보고 있다.

경제의 종말

들에 핀 백합은 일하지도 짜지도 않지만 솔로몬의 모든 영광으로
도 들에 핀 백합들 중 하나에 미치지 못한다.

마태복음

따라서 우리 유토피아의 틀은 분명해 진다. 즉 진화의 고리
한마디를 보태는 것을 의식하고 있는 인간, 어떤 종도 이제까
지 탐험하지 못한 방향으로 진보하고 있는 인간, 자신의 고유
한 존재를 의식하고 있는 인간, 특히 자신이 운명을 스스로 개
척할 수 있다고 이해하고 있는 인간이다. 물론 제약은 많지만
한계를 전혀 알 수 없는 자유의 공간이 우리 앞에 펼쳐져 있다.
이 자유의 공간을 무엇으로 채울까? 이 자유를 어떻게 강화할
것인가? 혹은 다른 관점에서 자유로운 삶에 어떤 의미를 부여

할 수 있을까?

　우리 인류는 계속해서 진화하면서 이러한 의문들에 답해왔다. 다른 생명체들처럼 인간은 신진대사를 유지하고, 늘 위협적인 죽음과 투쟁하며 자신들의 삶을 연장하고자 하는 욕망으로 강박관념에 사로잡혀 있었다. 혹은 다음 세대의 인간을 낳아 어린 그들을 보호하며 집단적 여정을 연장하고자 하는 강박관념에 사로잡혀 있다. 이러한 것들이 '사람 Homo'의 목적이었다. 5백만 년 전 우리와 다른 영장류들의 진화방향이 분리된 이후 '사람 Homo'은 오스트랄로피테쿠스, 하빌리스, 에렉투스, 사피엔스로 이어졌다. 우리는 흔히 불리한 환경 속에서 살아남기 위해 투쟁해왔다. 우리는 자연의 곤경에서 벗어났다. 반면 호모 네안데르탈과 같은 우리와 가까운 몇몇 종들은 성공하지 못하고 멸종되었다.

　우리의 인생역정이 유난히 두드러져 보이는 것은 진화단계에서 아주 단기간이었던 10만 년 전이었다. 당시 우리는 생존에 만족하지 않고, 운명에 쉽게 굴복하지 않는 우리의 의지를 전례 없이 성공적으로 보여주었다. 우리는 불을 손에 넣은 것이다. 번개가 일으킨 화재는 끔찍한 적이었다. 화재는 숲을 삼키고 동물들을 없애고 우리의 모든 것을 파괴했다. 최초의 반사적 행동은 불에서 도망치는 것이었다. 이어 불로 몸을 따뜻이 하고 우리를 보호해주는 친구로 변화시킬 수 있었다. 우리의 손에서 불은 우리가 포식동물들보다 더 강해질 수 있는 무기가 되었다.

약 1만5천 년 전인 아주 최근에 우리의 조상들은 스스로를 운명에 내맡기지 않는 방법을 생각해냈다. 그들은 자연스럽게 얻을 수 있는 것보다 더 많은 부를 얻기 위해 땅을 경작하기 시작했다. 소위 신석기 혁명은 인간들 사이의 관계, 자연과 인간 사이의 관계 등 모든 인간관계를 급작스럽게 변화시켰다. 신석기 혁명은 특히 정반대 의미의 원천으로 '노동'이라는 단어가 지칭하는 행동의 발명과 일반화를 필요로 했다.

| 노동의 발명 |

사냥, 낚시, 수렵은 아주 제한된 행동만을 필요로 하는 반면 땅을 경작하는 것은 씨를 뿌리고, 수확을 하고, 생산하고 보존할 수 있는 도구를 제작하고 유지하고 지켜야 했다. 인구통계학자인 장 부르주아-피샤 Jean Bourgeois-Pichat에 따르면 구석기 시대의 유랑하는 인간은 이틀만 할애해 식량을 찾으면 일주일 동안 4명의 가족을 부양할 수 있었다. 신석기 시대에 유랑민들이 정착해 농사를 짓게 되면서 일주일 내내 일해야 했다. 자유 공간이 노동으로 채워졌다.

대신 곤란을 타개할 수단이 급속히 증가해 인구가 결정적으로 증가할 수 있었다. 수만 년 전부터 이러한 효과는 인류 전체를 수백만의 수준에 머물게 했다. 몇 천 년 전 새로운 성과 덕분에 인류의 수는 1억을 넘어섰고 이어 기독교 시대의 초기엔 거의 3억에 이르렀다.

중동의 비옥한 평야에서 고안해낸 집단적 생존을 조직화하는 새로운 방식은 서양뿐 아니라 동양으로도 연 1킬로미터씩 이상하게 일정한 평균 속도로 빠르게 확산되었다. 3천 년 전이 끝나갈 무렵 이 같은 방식은 서양에서는 대서양 연안까지 확산되었고 동양에선 인도와 중국으로 확산되었다. 기원 후 천년간 우리 시대의 시작과 같은 수준에서 거의 변함없이 세계적인 효과에 의해 안정화가 이어지며 나타났고 16세기에도 고작 4억을 넘었을 뿐이었다.

음식이 오랫동안 인간이 자연의 선물에 추가한 중요한 재화로 남은 것은 아니었다. 일단 굶주림에서 벗어날 수 있게 되자 무수히 많은 지역에서 다양한 문명들이 새로운 필요들을 생각해냈고 이러한 필요들을 충족시키기 위해 다양한 물품을 생산하는데 자신들의 활동을 할애했다. 도시가 발전하고 군주들은 자신들의 권력을 과시하기 위해 늘 더 호화로운 성들을 건설했고, 군인들은 전투를 준비하기 위해 늘 더 효과적이고 파괴적인 전투방법을 창안했으며 성직자들은 개인들이 자신의 덧없음을 의식하기 때문에 생겨난 불안에 답하기 위해 늘 더 장엄한 기념물들을 건축하라고 부추겼다. 의복, 주거지, 무기, 피라미드나 성당 같은 인간의 생산물들은 한결같이 인간의 의도적 선택의 결과이며 그것들은 '노동'을 필요로 했다.

'노동 travail'이 사람을 고문하기 위해 앉혔던 삼각대를 가리키는 tripalium이란 단어에서 파생되었다는 사실을 기억하자. 수백 년이 지나면서 고문이라는 의미는 약화되었지만 많은 경우에 이 단어는 아직도 고통을 연상시킨다. 예를 들어 산부인과 병원에서 '분만실 salle de travaile'은 어머니들이 한때 고통 속에서 자기 아이를 세상에 내보내는 장소였다. 오늘날 효율적인 의학적 조치 덕분에 해산이 더 적은 고통으로 가능해졌다는 사실은 분명 하나의 진보이다. 아이를 낳을 때의 'travail'는 줄어들었고 이러한 결과는 진보로 높이 평가받는다. 육체를 고갈시키고 정신적으로 피곤하게 하는 고되고 반복적이며 강제로 행하는 무수한 행위에 대해서도 노고를 줄일 수 있는 결과를 가져오는 것은 마찬가지로 진보로 높이 평가된다. 노고를 제거하려는 것은 정당하고 합리적이다.

하지만 같은 단어인 'travail'는 전혀 다른 본질을 갖는 행동에 대해서도 사용된다. 파괴적인 것과는 거리가 먼 우리의 인격을 형성하는 완만한 과정과 관련된 행위나 인류 공동체에 우리를 동화시키기 때문에 자유롭게 결정되는 운동도 'travail'이다. tripalium에 대한 기준은 우리가 학생들에게 수업시간에 배운 것에 대해 '연구하는 travaille' 학생, 병원에서 환자를 돌보기 위해 '근무하는 travaille' 의사나 간호사, 어떤 작품을 창조하기 위해 자신의 작업실에서 '작업하는 travaille' 예술가를 떠올릴 때 실재를 드러낸다. 이런 맥락에서 일은 피로를 야기하지만 고문과 결부되지는 않는다. 일은 심지어 흔히 만족과 만남에 참여하는 원천이기까지 하다. 일은 그 때 우리의 개인적 인생역정의 단계들에 포함된다. 우리 삶에서 일에 가장 큰 자리를 부여하고자 하는 욕망은 정당하며 합리적이다.

우리의 언어는 불행하게도 혼란을 피할 수 없다. 그렇지만 피할 수 없는 일시적인 성가신 일로서 감수해야 하는 노동-고문과 우리 자신을 형성해가는 과정으로서 우리의 계획을 실현할 수 있는 요소로서 선택된 노동-행위는 구별할 필요가 있다.

비슷한 모호함이 '휴무 또는 실업 chômage'이라는 단어에서도 나타나고 있다. 몇 세기 전에 조업이 중지된 날은 환영받았다. 민간이나 종교적 권력기관은 노동자들에게 성인(聖人)의 날 축제나 국경일에 휴무를 허락했다. 그들은 이런 날엔 아침에 일찍 일어나는 일상적 의무를 행복하게 잊었다. 유감스럽게도 오늘날엔 같은 단어가 노동자들이 공동체적인 일에 참여할 수 있는 가능성이 없거나, 노동자들이 배제되거나, 노동자들이 '과잉'이 되는 것으로서 받아들여진다고 느끼는 시기를 가리키기 위해 사용되고 있다. 행복한 삽화적 사건이 참을 수 없는 소외의 시기가 되었다.

단어 의미가 변화된 것은 단순히 언어학적인 우연만은 아니다. 이는 어쩔 수 없이 감내해야 하는 노동이냐 선택한 일이냐, 복종인가 자발적 행위이냐? 와 관련될 경우 분명히 하지 않고 활동 내용에 대한 묘사에 그칠 때 우리 사회가 저지르고 있는 완전한 넌센스를 드러내고 있다. 의미가 통하지 않는 단어는 추구되는 목적과는 반대되는 행동을 하게 할 수도 있다. 아주 제한적이긴 하지만 계시적인 중요성을 갖는 유명한 사건의 급변은 그 점을 예시하고 있다. 즉 최초로 직물을 짜는 직업을 수행한 리옹의 견직물 작업실에서 일하는 견직물 작업공의 반응이 그것이다.

견직물 작업공들의 작업 중 가장 어려운 부분은 제공된 표본대로 도안을 짜기 위해 몇몇 날실로 따로 작업하는 것이다. 엔지니어인 요셉 자카르*는 유명한 자동인형 제작자인 보캉송의 연구에 영감을 받아 최초의 통계표 기계장치를 연상시키는 편

★ **Joseph Marie Jacquard 1752~1834.** 프랑스 문직기(紋織機) 발명자.

치카드 장치로 실 조정시스템을 고안해 냈다. 이전에는 몇 명의 직공이 해야 했던 작업을 노동자 한명이 할 수 있었으며 결과물은 더 양호했다. 기계는 실수를 하지 않기 때문이었다.

이어진 일들은 쉽게 상상해 볼 수 있다. 작업에 기계가 유용하다는 사실에 만족한 직공들은 갹출금을 내 기계를 구입했으며 기계 덕분에 더 많은 직물을 생산하면서도 덜 피로하게 되었고 채무액을 상환할 수 있는 만큼의 돈을 벌어 즐거운 '휴무'에 며칠을 할애할 수도 있었다. 견직물 작업공과 엔지니어, 노동자와 발명가 등 이해관계가 얽힌 모든 사람이 만족할 수 있었다. 감수해야 할 노동의 의무를 줄임으로써 기계는 모두에게 유익했다.

유감스럽게도 아주 있음직한 이러한 행복한 줄거리는 실제로 일어난 일과는 달랐다. 기계를 구입한 사람은 노동자가 아니라 사업주들이었다. 사회 조직에서 자신들의 역할들 중 하나에 부응해 사업주들은 이익을 늘리고 싶어 했고 더 이상 불필요해진 직공들을 해고했다. 갑자기 생계 수단을 잃게 된 직물 작업공들은 아주 뛰어난 기계가 불행의 원인이라 생각하고 기계를 파괴해 강 속으로 던져 버렸다. 다행히도 노동자들은 같은 분노의 연장선상에서 사업주들과 발명자들을 강물 속으로 던져 버리지는 않았다.

교훈은 명백하다. 기계의 발명은 공동체에 이익이 되었으며 전체적으로 유익했다. 이익은 공유될 수 있었을 것이다. 불행하게도 유력한 권력 구조와 경제 순환은 사업주들만이 기계의 발명에서 이익을 얻을 수 있는 방식이 문제였다. 기계가 견직물 작업공들의 노동 일부를 줄여준 것에 대해 왜 슬퍼하겠는가? 기계가 견직물 작업공들의 일자리를 빼앗아가게 된 것은 필연적인 일이 아니었다. 기계는 견직물 작업공들에겐 적이 아니라 친구가 될 수 있었을 것이다. 견직물 작업공들은 기계에서 일을 빼앗아 오는 것이 아니라 기계를 이용한 결과를 왜곡한 권력에게서 일을 빼앗아 와야 했을 것이다.

말의 혼란을 이용하는 우리 사회는 흔히 노동을 인간의 존엄성을 부여하는 것으로 제시한다. 또한 우리 사회는 "땀 흘려 일해야 먹고 살 수 있다."는 격언은 반항해봐야 소용없는 운명이나 창조주가 요구하는 의무를 묘사하고 있다고 주장한다. 사실상 감수해야 할 노동은 인간에게 존엄성을 부여할 수 있는 것이 전혀 아니며 땀이 불가피한 것도 아니다. 기독교인들은 짜지도 않고 가장 아름답게 치장하고 있는 들에 핀 백합에 대한 잠언을 곰곰이 생각해볼 필요가 있다.

모호한 말의 희생자가 되지 않기 위해선 노동을 그 어원에 상응하는 활동에 한정하는 것이 바람직하다. 노동의 어원은 참을 수 없는 고통과 동일할 수 있다. 노동의 어원에 상응하는 활동은 필요에 대한 혹은 권위에 대한 굴복에서 비롯되기 때문이다. 그리고 예를 들어 피로나 권태를 야기할지라도 어떤 계획을 지지하는 명목으로 자발적으로 수행하는 행위에 대해선 '활동'이란 단어나 '자발적 행동'이라는 다른 용어를 사용하는 것이다.

이러한 합의에 따르면 예를 들어 교사나 교수는 무수히 많은 '활동들'에 참여하지만 거의 '노동'을 하지 않는다는 사실을 인정해야 한다. 교사나 교수는 지식을 늘리고 이해력을 향상시켜 그것을 학생들과 함께하려 노력하고 학생들이 의문을 더 잘 표현하도록 도우며 학생들의 지성을 형성하는데 개입한다. 하지만 아무리 피로가 쌓인다 해도(그리고 이러한 피로감은 대개 상당하다) 교사나 교수는 노동을 제공한 것이 아니라 만남의 삶 속에서 자발적으로 활동하는 것이다.

'노동을 했다'는 느낌이 드는 사람은 직업을 바꾸는 것이 나을 것이다.

| 노동과 실업 종식에 대하여 |

수천 년간 기술은 천천히 발전했을 뿐이다. 전문 지식은 장인과 직인 사이에서 실례와 구술로 전달되었다. 몇몇 신기술은 확산되지 못하고 나타난 지역에 한정되어 남아 있었다. 예를 들면 서양에서 말이 끄는 힘을 더 효과적으로 이용할 수 있도록 수레에 마구를 채택한 것은 겨우 서기 1000년경이었다. 생산, 운송, 이동 수단은 다시 천년이 지나도록 거의 차이가 없었다. 나폴레옹의 군대는 그보다 2천년 전의 한니발이나 3천년 전의 중국 상(商) 황제의 그것과 같은 어려움을 감수하며 느린 속도로 이동했다.

15세기 새로운 방법을 더 효과적으로 확산할 수 있게 한 인쇄술의 발명으로 비로소 변화의 주기가 가속화되기 시작했다. 하지만 신석기 혁명에 이어진 1만년에서 1만2천년 동안 일상적인 삶의 제약들은 전혀 변화되지 않은 채 주요 에너지원인 인간의 노동에 대한 의존으로 특징지어지고 있었다고 말하는 것이 합리적이다. 주 에너지 원이 인간의 노동이었다는 사실은 노예제의 일반화로 나타나고 있다. 노예제는 특정 인간 집단(흑인, 죄수, 피정복민들)을 복종하게 하는 법률에 의해 공개적으로 조직화되었거나 많은 경쟁에서 패자가 된 가장 약한 자들에게서 권리를 박탈하는 경제 시스템에 의해 교활하게 강요되었다. 풍차나 물레방아처럼 일부 기술 진보는 노동을 줄여주기는 했지만 그 영향은 욕구도 단계적으로 늘어나면서 상쇄되었다.

거의 수천 년간의 정체 후에 2세기 전부터 기술적 효율성은 비약적인 발전을 하게 되었다. 이러한 진보는 같은 재화를 생산하는데 필요한 시간을 엄청나게 감소시켰다.

지난 반세기 동안 기술 효율성 운동은 한층 가속화되었다. 점차 노동은 생산과정에서 부차적인 것이 되었다. 특히 제2차 세계대전의 혼란 이후에 폐허가 된 국가들을 재건할 필요가 있었다. 당시 핵심적인 단어는 '생산성' 다시 말해서 같은 노동량으로 더 많은 생산품을 만들어 내는 것이었다. 진보가 너무 빨랐기 때문에 경제학자들은 머지않아 속도가 줄게 될 것이라고 예측했다. 경제학자들의 비관적 전망은 보기 좋게 어긋났다. 정보과학이 뒤를 이었기 때문이었다. 우리는 컴퓨터가 할 수 있는 것, 특히 기계 제어와 관련해 경탄을 금치 못하고 있다. 마침내 일주일에 몇 시간의 노동이면 모든 욕구를 충족시킬 수 있는 황금시대를 맞게 되리라는 꿈이 실현될 것이라는 현실적 기대를 할 수 있게 되었다. 일주일에 몇 시간의 노동으로 모든 욕구를 충족시킬 수 있게 된다면 '활동'에 할애되는 시간이 늘어나게 된다.

전례 없이 빠른 변화의 결과는 우리의 지성으로는 쉽게 그 본질을 파악할 수 없어 그 결과에 대해 좋지 않게 생각할 정도로 엄청난 것이었다. 우리는 통찰력을 얻고자 하는 연구에서 과융해 같은 비유의 도움을 받을 수 있다. 어떤 과정에 의해 용기에 담긴 물의 온도를 낮추어보자. +5도에서 물은 분명 액체이며 0도에서 물은 여전히 액체 상태를 유지한다. -1도에서 어떤 충격도 주지 않을 경우 물은 -2도에서도 액체 상태를 유지한다. 하지만 이 때 아주 사소한 사건으로도 물은 단숨에 전부 얼음으로 변화된다. 물 표면에 먼지만 떨어져도 물은 액체상태에서 고체상태로 순식간에 변화되는 것이다. 쥘 베른은 『아틀라스 선장의 모험』에서 조약돌을 던져 호수를 얼어붙게 해 이러한 현상의 극적인 효과를 이끌어내고 있다.

인류는 현재 원인과 결과 사이에서 진정한 시차의 원천인 유사한 체험을 하고 있다. 100년도 안 돼 인구는 네 배로 늘었고 기술적으로 엄청나게 비약적인 새로운 힘을 갖게 되었으며 과학은 현실에 대한 우리의 이해력을 뒤엎고 있다. 함께하는 삶의 새로운 조건을 고려하기 위해 우리 사회가 어떤 점에서 재검토되어야 할지 이해하는 것이 시급하다. 얼음 분자들 간의 관계가 액체인 물 분자들 사이의 관계와 다른 것처럼 오늘날 인간 사이의 관계는 예전에 인간들 사이의 관계와는 다르다.

불가피한 근대화의 출발점은 추구하는 목표를 분명히 하는 것이었다. 보편적인 노동-복종에 대한 제거는 결과적으로 자유롭게 된 시간을 선택된 활동에 할애할 수 있다는 분명한 조건 하에서 쉽게 동의를 이끌어 낼 수 있다.

당장 실현될 수는 없지만 몇 가지 경로를 통해 '노동 제로' 상태에 이르지는 못한다 해도 근접할 수는 있다. 반복적이거나 힘든 과정에서 인간을 기계로 대체하고, 결국 누구도 만족할 수 없는 수많은 사람의 노동을 필요로 하는 인위적인 욕구들을 재검토하고 마지막으로 모든 잔여 노동을 더 적절하게 분배하는 것이다.

첫 번째 경로는 기업들이 자발적으로 활용하고 있다. 자유주의체제에서 기업들이 살아남기 위해 필수적으로 도달할 것이 요구되는 첫 번째 목표는 재무성과를 개선하는 것이다. 따라서 재무성과는 기술이 허용하는 한 수작업을 기계로 대체하게 한다. 프랑스에서 기업의 근로시간은 20세기 초의 3분의 1로 줄었다. 1900년대에 60시간이 이었던 근로시간은 1936년엔 40시간이 되었다. 이러한 감소주기가 세기말까지 이어졌다면 오늘날 근로시간은 주당 20시간에 미치지 못했을 것이다. 이 시기에 일어난 엄청난 기술 개선은 노동시간 감소라는 진보를 완벽하게 실현할 수 있었을 것이며 기술 개선이 가져온 이익이 다른 목적을 위해 활용되었더라면 근무시간을 훨씬 더 짧게 할 수 있었을 것이다.

유감스럽게도 생산성 증가에서 얻은 이익들은 상당부분 대개는 우스꽝스럽고 때로 해롭기까지 한 인위적 욕구를 충족시키기 위한 활동들을 확산시키면서 낭비되었다. 불필요한 물품의 증가에 대해 생각한다면 상점에 들어갔을 때 "내가 전혀 필요로 하지 않는 것들이 군"이라고 기록했던 소크라테스의 반응을 떠올려 보라. 소크라테스가 오늘날 슈퍼마켓에 들어간다면 무슨 말을 하게 될까? 상품의 질보다는 광고가 강요하는 상품의 겉모습이 중요하다고 파렴치하게 인정하면서 "제품의 이미지를 개선하기" 위해서 대기업이 승인한 비용에 대해 생각해보라. 속도에 대해 왜곡된 유치한 숭배 때문에 파괴되고 있는 자연 자원과 인적 자원에 대해 생각해보자. 자동차 경주에서 자동차는 왜 트랙을 빠르게 달리는 것일까? 법을 위반할 때만 그 성능이 입증될 수 있는 자동차를 왜 생산하는 것일까?

기업주들은 어떤 것들은 존재이유가 사라진 후에도 남게 된다는 사실을 인정할 정도로 때로는 다양한 서비스 기능을 체계적으로 시험할 필요가 있다는 사실을 의식하고 있다. 우리 사회 기구와 유사한 어떤 잡지는 그 기능들 중 상당수는 합목적성이 사라진 역사적 잔재에 불과하다고 강조하고 있다.

하지만 아주 분명한 오류는 우리가 실업자라는 용어로 지칭하는 사람들에게 그들의 의지와 무관하게 노동을 박탈하면서 남은 노동을 잘못 배분하는 것이다. 그들은 사실상 공동과업에 대한 참여가 거부된 노동자들이다. 근무시간이 제로에 가까워지게 되면 실업에 대한 개념도 그 의미를 잃게 된다. 이러한 재앙에 대한 투쟁은 모두에게 노동이라는 참을 수 없는 고통을 강요하는 것이 아니라 모두가 공동체의 활동에 참여할 수 있게 하는 것이다.

그 필요성이 기계가 인간을 대체할 정도로 감소된 '노동'과 반대로 욕구에 상응하는 '활동'은 제한이 없다. 교육에서, 다양한 의료기구시설에서, 과학 연구에서, 예술에서 기술 진보에 따른 새로운 도구들은 효과적이고 때로는 결정적인 도움을 주고 있지만 그래도 인간의 손을 필요로 한다. 기술 진보에 따른 새로운 도구들은 오히려 더 많은 손길을 필요로 하고 있다. 그런데 교육 시스템, 보건체계, 사회 보조, 문화는 고갈되지 않은 고용의 원천들이다. 노동이 사라지게 되면 실업도 사라지게 될 것이다.

실업이나 노동은 추억으로만 남게 될 것이다. 신석기 혁명으로 시작된 우리 인류 역사에서 노동은 현재의 세기가 끝나기 전 그 존재 의의를 잃게 될 것으로 희망하자.

| 경제의 난입 |

나의 이상주의적인 설명에 대해 바로 "누가 비용을 지불할

것인가?"라는 반박을 할 것이다. 이 모든 활동에 어떻게 자금을 조달할 것인가? 겨우 18세기 들어서야 이러한 질문에 답하기 위한 성찰들이 이루어졌다. 선구자들인 프랑수아 케네와 장-밥티스트 세이가 프랑스에서 그리고 애덤 스미스가 영국에서 새로운 학문인 경제학을 제시했다. 그 이후로 그들의 후계자들은 개념 정의를 놀랍도록 세련되게 다듬고 과정을 분석했다. 그들은 경제학을 과학으로 만들려 했지만 동료 학자들인 화학자들이나 물리학자들처럼 성공적이지는 못했다. 예를 들어 화학자나 물리학자들은 아주 섬세하게 연구된 메커니즘을 이용해 인간을 달에 보내거나 소립자의 이상한 운동을 설명할 수 있었다. 경제학자들은 화학자나 물리학자들만큼의 성과를 거둘 수 없었으며 그들은 몇 년 전 월 스트리트에서의 '주식 시장의 투기적인 과열 장세 bull spéculative'의 폭발을 예측할 수 없었고 현재 국가가 가격이 상승하면서도 경제가 침체되는 '스태그플레이션' 상태에서 벗어날 수 있기 위해 취해야 할 조치에 대해서도 합의하지 못하고 있다. 250년간의 연구에도 경제학자들은 종합적으로 그다지 대단한 연구 성과를 내놓지 못하고 있다. 그런데도 정책결정자들은 신탁을 받듯 끊임없이 경제학자들의 자문을 구하고 있다.

경제학자들이 분명히 밝히고자 성찰하고 있는 대상은 분명 아주 중요하다. 그들의 연구 대상은 부, 부의 기원, 부를 창조하는 최선의 방법, 부를 보존하고 분배하고 증가시키는 것과 관련이 있다. 끊임없이 사용되는 핵심적인 단어는 '가치'다. 가치는 어떻게 정의하며 어떤 과정에서 발생하는 것일까? 작가인 쥘 로맹은『도노구-통카 Donogoo-Tonka』라는 거의 알려지지 않은 연극 작품에서 표준적이지 않은 것처럼 보이는 방식으로 그 점에 대해 성찰하고 있다.

작가는 어떤 지리학자가 예전에 자신의 박사 논문에서 설명한 아마존의 어떤 도시에 이 이름을 붙였다. 은퇴할 나이가 된 이 지리학자는 마지막으로 프랑스 한림원에 가입하고 싶어 했다. 그런데 동료들 중 몇 명이 도노구는 존재하지 않는다고 주장하며 그 주장을 거의 입증했기 때문에 한림원 회원으로 선출될 수 없게 되었다. 어떤 금융 사기꾼이 이 곤경에서 벗어날 수 있도록 그에게 도노구 개발 협회를 설립해 증권거래소에 상장하고 언론이 도시를 가로지르는 강에서 금이 발견되었으며 금을 찾는 사람들의 거리를 보도하게 하라고 제안했다. 세계 곳곳에서 일확천금을 노리는 모험가들이 황금도시로 몰려들었다. 숲 속에서 길을 잃고 지친 선구자 집단이 숲 속의 빈터에 머물며 그곳에 정착해 조롱하듯 'Donogoo-Tonka'라는 푯말을 세웠다. 그곳에 도착한 다른 집단들은 그곳이 마음에 들었기 때문에 방황을 끝내기로 결심했다. 이 난잡한 임시 숙소는 조금씩 조직화된 잡다한 무리들을 끌어들였다. 고객이 있다고 확신한 상인, 정신적 지도자, 창녀들이 모여들었다. 도시가 만들어졌으며……도노구는 존재하고 있었고 늙은 지리학자는 한림원 회원으로 선출되었다. 환상이 현실이 된 것이다.

이는 현실 경제 메커니즘에 대한 비유가 아닐까? 각 개인의 활동은 모두의 필요에 의해 자극받고, 정당화되며 더 높은 가치를 부여받는다.

강에 금이 있는지 없는지는 전혀 중요한 문제가 아니었다. 도노구 시장 상품 진열대에 진열된 재화들은 고객이 생겨났기 때문에 가치를 갖는다. 따라서 가치는 그것에 대한 다른 사람들의 욕망에서 비롯된다. 이는 훨씬 더 정확히 진전된 표현방식으로 1988년 노벨 경제학상 수장자인 모리스 알레의 다음과 같은 주장을 확인하고 있다. "가격은 무게, 부피, 밀도처럼 사물에 내재해 있는 수량은 아니다. 가격은 외부로부터 사물에 부여되어 경제의 전체적인 심리학적 그리고 기술적 특징에 의존하고 있는 특성이다."

화폐 경제에서 가치를 발생시키고 가격을 결정하는 것은 물품과 서비스에 대한 집단적 태도이다. 반면 가격 수준은 생산과 소비에 영향을 미친다. 경제학자들의 가장 중요한 논증들 중 하

147

나는 '사회 최대 이익 정리'다. 이 정리는 자유로운 시장 작용에서 비롯된 가격 시스템은 공동체가 모두에게 가장 이익이 되는 상황에 이르게 한다고 주장한다. 이 정리에 따르면 마치 '보이지 않는 손'이 공동체의 이익이 되도록 개인의 이기주의를 활용하고 있는 듯 모든 일이 일어난다.

이러한 주장이 자유주의 사상의 핵심이다. 모든 것이 더 낳아지게 하기 위해선 보이지 않는 손이 유익한 작용을 할 수 있도록 방치하는 것으로 충분하다. 불행하게도 다른 모든 정리들처럼 사회 최대 이익 정리는 몇 가지 가정에 기초하고 있으며 이 가정들은 중요하다. 재화는 만족의 원천이고 교환될 수 있고 소유될 수 있으며 특히 바로 가치라는 개념이 재화들로 규정될 수 있어야 한다. 그런데 복합적인 사회의 경제부문에서 주체와 객체의 역할은 그것이 무엇이든 필연적으로 다중적이다. 수치로 요약된 가치는 그것을 1차원적으로 환원하는 것이고 따라서 가치를 왜곡하는 것이다.

게다가 보이지 않는 손인 '시장' 기능에 의해 실현된 수요와 공급의 균형은 나타나 있는 제약만을 고려할 수 있을 뿐이어서 결과적으로 최적의 미래를 향한 방향을 결정한다고 주장할 수 없다. 시장은 미래에 개의치 않는다. 30년 만에 배럴당 3달러에서 70달로 치솟았고 이제 100달러(2008년 유가폭등으로 배럴당

145달러로 최고가 기록 - 옮긴이)를 눈앞에 두고 있는 석유 시세의 예는 먼 미래의 목표를 상기하지 않고도 모든 합리성에서 벗어난 변동을 잘 보여주고 있다. 보이지 않는 손은 본질적으로 장기간을 고려할 수 없다는 사실을 고려해야 한다. 이 점은 경제학자들이 누구나 주장하는 성장에 대한 찬가에서 분명히 확인할 수 있다. 경제학자들에 따르면 경제 활동이 연 3% 증가하게 되면 모든 것이 해결된다. 일시적으로 이 같은 주장은 참일 수 있지만 문제는 이 속도가 100년에 20배씩 성장하는 것에 상응한다는 사실을 고려할 때 이러한 대책이 얼마나 오래 활용될 수 있을까 하는 점이다.

기억력도 없고 미래도 개의치 않는 '보이지 않는 손'은 어떤 일도 하지 않는다. 이것이 모리스 알레가 "최초의 자유주의자들은 자유방임체제가 최적의 경제 상태를 이룰 것이라고 주장하면서 근본적인 오류를 범하고 있다."라고 확언할 수 있었던 이유다.

시장의 힘은 우리가 복종하기 때문에 가능하며 시장의 힘에 대한 복종이 운명적인 것은 아니다. 전시 경제를 통해 그 증거를 찾아 볼 수 있다. 전시에 사람들은 '위험에 처한 조국'을 지키기 위해 경제학자들의 충고를 잊어버리고 그들에게 개입하지 말아달라고 부탁한다. 20세기 중엽 미국이 가장 좋은 예를 보여주고 있다. 1940년 당시 미국은 1929년 대공황으로 야기된 불황에서 아직 벗어나지 못하고 있었다. 미국은 나치 독일과 싸우고 있는 연합국을 도울 준비를 하고 있었고 이어 일본과 전쟁을 개시했다. 3백만의 군인이 동원되었고 7백만 노동자들은 군수 공장에 고용되었으며 실업은 빠르게 사라졌다. 미국은 불황에서 벗어나 번영을 유지하게 되었다. 그것은 기적이나 보이지 않는 손의 작품이 아니라 하나의 목표를 위해 국가를 동원한 의지의 결과였다.

또 다른 예는 1945년 패전 이후 독일 재건에서 볼 수 있다. 독일의 경제 부흥은 기적으로 묘사되고 있다. 소위 독일의 경제 부흥이라는 기적을 분석한 철학자 한나 아렌트는 "물품의 파괴와 도시의 황폐화는 궁극적으로 부의 축적과정을 자극하기에 이르렀다."라고 지적하고 있다. 결국 한나 아렌트는 "현대적 조건에서 파멸을 가져오는 것은 파괴가 아니라 보존이다. 물품의 내구성은 교체 과정을 방해하기 때문이다."라고 결론짓고 있다. 따라서 한나 아렌트가 현대적 조건으로 지칭하고 있는 것은 항구적인 가속화 속에서만 균형을 찾을 수 있는 경제의 수용이다.

이 두 가지 사례는 경제학자들이 잊고 있는 중요한 매개 변수가 집단적 의지라는 사실을 보여주고 있다. 전 인류의 적인 에이즈, 기아, 가난 및 전쟁과 관련해 왜 그 만큼 지속적으로 확고

한 의지를 표명하지 않는가? 토머스 모어가 상상했던 유토피아는 정말로 존재하고 있다. 그것은 바로 지구다. 지구에 거주하고 있고 앞으로 지구에 거주하게 될 사람들은 우리가 그들을 위해 꿈꾸었던 것을 누릴 자격이 있다. 이 꿈을 실현하기 위해선 단연코 현재의 상태에 만족해서는 안 된다.

| 경제의 종말 |

1980년대 말 경제학자 프란시스 푸쿠야마의 논문은 큰 반향을 일으켰다. 그는 제목으로 「역사의 종말」이라고 선언했다. 프란시스 푸쿠야마에게 현재 서구 여러 나라에서 제시하고 있는 정치 경제 모델은 가능한 최선의 것이었다. 그는 "인류 이데올로기 발전과 서구 자유 민주주의의 보편화에 종지부를 찍었다." 역사는 멈출 수 있다는 것이다.

푸쿠야마의 전망에 동의하기는 어렵다. 역사의 종말은 인류의 종말과 함께 일어 날 수 있을 뿐이다. 경제의 종식이 더 바람직하고 가능성이 있어보인다.

우리는 사실상 세기 초에 경제학이 해결책을 제시하고자 애썼던 문제의 본질이 근본적으로 변화하고 있는 것을 경험하고 있다. 변화의 많은 원인들은 두 가지로 분류될 수 있다. 지구라는 유한한 자원에서 비롯된 것 그리고 경제학자들이 이해하고 있는 가치 개념과 시민들이 이해하는 가치 개념의 대립으로 나타나고 있는 것이다.

| 지구 자원과 경제 성장의 한계

지구 자원의 유한성은 자원고갈이 코앞에 다가올 때까지 무시되어왔고 대개는 전적으로 무시되고 있다. 폴 발레리★는 1945년 다음과 같이 주장함으로써 주목을 받았다. "세계 종말의 시간이 시작됐다." 그렇다, 인류 역사에 새로운 시대가 개막되었다. 인류는 지금까지 자신들의 영역은 무한하다고 생각할 수 있었으며 어쨌든 무한하다고 생각하는 체했다. 인류는 지구 자원의 한계가 존재하며 그 한계에 근접하고 있고 이 같은 전제 하에서 결론을 도출할 필요가 있다.

성장의 본질을 분명히 하지도 않고 끊임없이 '성장'을 희망하는 정치인들의 주문은 맹목성의 왜곡된 예들을 보여주고 있다. 우리가 알고 있듯이 예를 들어 정치인들은 연 3% 성장 속도는 결과적으로 100년 동안 소비가 20배로 증가해야 하기 때문에 결과적으로 분명 불가능하다는 사실을 잊고 있다. 크기와

★ **Paul Valéry 1871~1945.** 프랑스 시인·비평가·사상가.

자원이 제한되어 있는 지구에서 모든 지수적 과정은 일시적일 수 있을 뿐이다.

소비 증가는 현실적으로 마약과 유사하다. 처음 복용할 땐 행복감을 주지만 계속 복용하게 되면 필연적으로 파국에 이르게 된다. 예를 들어 실업과 같은 문제를 경제성장으로 해결하겠다는 주장은 의도적으로 막다른 골목으로 밀어붙이는 것이다.

경제 성장이 최상의 선진국들 가운데서 일어났을 때 경제 성장은 국민들 간의 불평등을 결코 줄일 수 없게 된다. 국민들 사이에 부의 양극화는 악화될 뿐이다. 인류가 유럽인들의 실제 생활수준을 누릴 수 있기 위해선 지구가 감당할 수 있는 것 이상의 자원을 필요로 한다. 따라서 이제부터 필요로 하는 것은 로마클럽★이 제안한 것처럼 '성장률 0'만이 아니라 가장 부유한 사람들의 소비 감소이다.

지구 자원들을 파괴하지 않는 활동들, 특히 사람들 간의 만남으로 발생하는 것들의 개발이 수반된다면 전망이 어둡기만 한 것은 아니다. 그 때 재정의 되어야 하는 것은 건강한 사회를 규

★ Club of Rome. 최근에 와서 심각한 문제로 급속히 대두되고 있는 공해·자원난·인구문제 등의 인류사회가 당면한 위기와 문제들을 연구·해결하기 위하여 설립된 세계적인 민간연구단체. 이 클럽은 어느 이데올로기에도 치우치지 않고 특정 국가의 이해나 의견을 대표하지도 않는다. 최근에 심각한 문제로 급속히 대두되고 있는 천연자원의 고갈, 공해에 의한 환경오염, 개발도상국에서의 폭발적인 인구증가, 핵무기개발에 따르는 인간사회의 파괴 등 인류의 위기의 접근에 대하여 인류로서 가능한 해결책을 모색하는 것을 목적으로 삼고 있다.

정할 수 있는 기준들이다. GNP와 같은 생산만 고려하는 것이 아니라 의료, 교육, 정의에 대한 접근과 같은 다른 만족의 원천들과 행복도 거론해야 한다.

정책 결정권자들은 이러한 명백한 사실을 보지 못하는 듯이 보인다. 결국 1974년 몇몇 산유국들이 야기한 첫 번째 '오일 쇼크'를 겪고 나서야 비로소 그 위험성을 의식하게 되었다. 선진 산업국가에 필수적이 된 석유 같은 자원은 머지않아 곧 고갈될 것이다. 2, 3백년도 지나지 않아 자원고갈은 현실로 다가올 것이다. 마찬가지로 명백한 기후변화로 우리는 지구 대기가 휴지통처럼 대가 없이 이용될 수 없다는 사실을 깨닫게 되었다. 현재 분명히 일어나고 있는 사실들을 통해 우리는 경제학자들의 모든 논증들에 대해 재검토하지 않을 수 없게 되었다.

천연 가스나 석유 같은 자원이 인류 공동 유산에 속하며 이 유산이 불합리하게 낭비되고 있다는 사실을 인정한다면 정책 결정자들은 다음 세대의 필요를 고려해 집단 관리 기구를 설치해야 할 것이다. 정책 결정자들은 일단 더 이상 미래를 고려할 수 없다는 것이 증명된 '보이지 않는 손'에 그 의무를 방치하고 있다. 30년 만에 배럴당 가격은 20배로 뛰어올랐다. 앞으로 30년 동안 몇 배로 증가하게 될까? 가격상승 속도가 둔화되고 있기는 하지만 예를 들어 앞으로 30년간 석유 가격이 15배로 증가할 수 있다고 가정한다 해도 2040년 이전에 배럴당 석유 가격은 1천 달러에 이르게 된다. 바로 지금부터 이러한 가능성을 고려해야 한다.

눈길을 덜 끄는 방식에 따르면 정책 결정방향을 결정짓기 위한 경제학자들의 논증은 자원의 유한성으로 어떤 정당성도 가질 수 없게 된다. 예를 들면 과잉투자는 학술적인 원가 계산을 통해 이루어진다. 현실적이 되려면 발생되는 오염의 경제적 결과가 원가에 고려되어야 한다. 하지만 오염은 흔히 투자가 이루어진 후에 일어나기 때문에 오염에 대한 고려는 늘 미진하게 된다. 예를 들어 쥐시외 대학 기획자들은 건물 건축에서 수익성을 명목으로 석면을 활용하기로 결정한 사람들이 고려할 수 있었던 모든 비용평가를 전혀 무의미하게 만들었다.

마찬가지로 트럭의 운송 원가는 대기에 발산된 이산화탄소에 따른 공중 보건과 기후 균형에 대한 결과적 비용을 계산에 넣을 때만 의미가 있다. 그런데 이 비용은 정확히 산정될 수 없으며 수량화할 수도 없을 것이다. 따라서 다양한 운송 수단의 수익성을 비교하게 할 수 있는 모든 계산은 의미가 없다. 단순한 수익성 계산의 비교는 정책 결정자들의 무능을 감추기 위해 과학의 외관을 차용하고 있을 뿐이다.

| 가치들에 대한 가치

경제학자들의 미묘한 공론은 인간이 스스로의 행동에 부여하는 목표의 본질을 고려게 되면 더더욱 의미를 잃게 된다. 인간이 선택을 하기 위해 자기 존재에 부여하는 합목적성에 따른 다양한 행동에 대한 평가를 나타내는 '가치들'을 참조해야 한다. 도덕적일 수도 있고 윤리적일 수도 있는 이 가치들은 용어의 정확한 의미와 무관하게 경제학자들이 거론하고 있는 가치와 전혀 다른 것이다.

경제학자들이 거론하는 가치는 일차원적 단계로 모든 재화와 서비스를 분류할 수 있게 하는 하나의 숫자이다. 경제학자들이 중시하는 가치는 같은 가치를 갖기 때문에 3킬로그램의 양배추가 2킬로그램의 당근과 동일하다는 표명에 의미를 부여한다. 하지만 질문이 어린아이에 대한 치료, 노인에 대한 보살핌, 젊은이에 대한 교육, 전 인류에 대한 존중과 관련될 때, 가능한 행동들의 경제적 가치에 대해 답하는 것은 함께하는 삶을 위해 채택된 규칙들을 기초로 하는 가치들을 포기하지 않는다면 주어질 수 없다.

푸쿠야마의 주장처럼 멈추기는커녕 혹은 심지어 잠시도 멈추지 않고 인류역사는 아주 다행스럽게 경제학자들이 주장하는 가치를 따르지 않고 함께하는 삶을 위해 채택된 규칙들을 기초로 하는 가치들을 따라 결정이 이루어지는 영역을 끊임없이 확대하고 있다. 이러한 변화는 유감스럽게 아주 느리게 이루어지고 있다. 인류 공동의 유산이 오늘과 내일의 인간 모두를 고려해 '가정의 좋은 아버지'로서 엄격히 관리되게 된 반면 우리는 순진한 어린아이처럼 보이지 않는 손이라는 가공의 것에 인류공동의 유산을 맡기고 있다.

경제학은 오늘날 자신감이 넘쳐 보이지만 우리 사회의 활동 방향을 정할 수 있는 보편적 기준을 고려할 수 없다는 사실을 입증하고 있다. 지구 자원의 낭비, 운송조직에 어떤 합리성도 존재하지 않는다는 것이 경제학의 무능을 예시하고 있다. 사회 구조를 합리화하기 위해 시급히 이루어져야 할 것은 궁극적으로 인간의 특이성을 고려할 수 있도록 경제학자들의 논증들이 전파하는 환상들을 일소하는 것이다.

| 정치의 찬란한 개화 |

『유토피아』에서 토머스 모어는 철저한 개혁을 제시했다. "인간을 행복하게 할 수 있는 유일한 것은 소유권의 폐지다." 왜냐하면 "소유권이 사회 구조의 토대가 되는 한, 다수를 차지하는 계층과 존경할만한 사람들이 빈곤, 고통과 절망만을 공유하게 될 것"이기 때문이다. 토머스 모어는 임시변통 수단에 대해 언급하고 있다. "개인적 소유의 최대치를 결정하는 것"이다. 하지만 토머스 모어에 따르면 이것은 악을 치유할 수 없는 임시방편에 불과하게 될 뿐이다.

토머스 모어 이후로 사유재산권의 폐지, 특히 테러에 의한 그의 대책은 몇몇 국가에서 시도되었지만 성공한 경우가 거의 없다는 사실을 인정해야 할 것이다. 가장 두드러진 것은 구소련의 예로 그것은 또한 가장 처참한 것이었다. 반면 쿠바는 미국에 의해 강요된 경제적 제약에도 보건과 교육 분야에서 주목할만한 성과를 과시할 수 있었다. 즉 쿠바에선 미국의 흑인 시민들보다 더 많은 희망을 가질 수 있었으며 문맹률은 거의 사라졌다. 하지만 불행하게도 도표에 따르면 공적 자유는 훨씬 더 실망스러운 수준이다. 토머스 모어의 제안이 적합성을 증명하지 못한 것이다.

토머스 모어의 제안 이후 5세기가 지난 현재 '빈곤'이 어디에서나 사라진 것은 아니며 '절망'은 가장 풍요로운 도시 근교에 이르기까지 변함없이 아주 분명하게 드러나 있다. 따라서 다른 방향을 모색해야 한다.

중요한 것이 권력의 할당에 좌우되는 반면 재산의 소유를 간

섭하고 싶어 했다는데 오류가 있다. 나는 인간의 특수성은 미래를 고려하여 계획할 수 있는 능력이라고 주장했다. 인간은 복종하는데 만족하지 않고 인생이란 모험이 전개될 때 능동적으로 개입하게 된다. 각 공동체에서 중요한 문제는 서로의 계획이 양립할 수 있게 하는 것이다. 즉 어떻게 누구나 자유로운 공간을 이용하는 방식으로 결정과정을 조직화할 것인가?

개인이나 국민에게 가장 중요한 것은 소유하는 것이 아니라 결정할 수 있는 것이다. 토머스 모어의 제안처럼 사유재산권을 철폐하는 것은 부차적인 영역에 개입하는 것이다. 본질적인 것은 권력의 할당을 조직화하는 것이다. 현실적으로 '사회구조의 토대'는 권력 할당의 과정이다. 다시 말해서 경제는 하부구조일 뿐 중요한 것은 정치다.

권력의 할당이 제기하는 문제들은 너무 복잡해 대부부의 사회들은 신성한 권력이 개입하게 함으로써만 그 문제들을 해결할 수 있을 뿐이다. 사실상 왕이 신이 임명한 것으로 나타날 때 그 정통성은 부정될 수 없으며 왕은 권위와 복종의 단계로 배열한 피라미드의 정상에 위치하게 된다. 그렇지만 토머스 모어가 죽은 지 몇 세기가 지난 지금 정통성은 더 이상 신의 의지가 아니라 국민의 의지에 의해 정당성을 얻는다. 이것을 민주주의라고 부른다. 민주주의 이념은 많은 나라에서 중요하게 받아들여지고 있다. 민주주의가 어디에서나 성공적이었던 것은 아니지만 그 성과는 민주주의라는 목표가 이후로 폭넓게 공유되고 있을 만큼 결정적인 것이었다.

경제의 종말 이후 이어지는 인류의 역사는 인간 스스로에 의한 관리의 보편화가 될 것이다. 이는 모든 국가가 민주주의 체제를 채택하는 것만을 의미하는 것이 아니라 특히 훨씬 더 어려운 것으로 세계화에 따른 모든 국민의 상호의존성을 고려한 전지구적 민주주의의 설립을 의미한다. 이는 앞으로 온실 가스 감축을 위한 도쿄 의정서에 서명하기를 거부한 미국 대통령이든 핵무기로 무장한 이란의 아이야톨라나 평양의 김정일이든 상관없이 국가 원수가 한 모든 중요한 결정은 인류와 관련되어 있다는 사실이다. 따라서 전지구적 민주주의의 확립은 그들 모두가 참여해야 할 민주화 과정의 종착점이 될 것이다. 필요한 절차를 준비한다는 것은 정치인들에게 얼마나 매력적인 임무인가!

발상의 전환을 내포하고 있는 정신적 변화들은 분명 앞으로 몇 세대가 지나기 전 이루어질 수 있을 것이다. 하지만 시간이 그렇게 많지 않다. 따라서 앞으로의 세대를 양성하는 곳인 학교를 개혁해 이러한 미래를 준비해야 한다.

모든 것이 학교인 도시

인류의 자연사는 일련의 돌연변이에 축적된 생물학적 보물 창고인 유전적 할당의 변화를 기술하고 있다. 또한 출산의 메커니즘은 돌연변이를 한 세대에서 다음 세대로 전달하고 있다. 생물학적 보물 창고가 간직한 생산 비결로 기관들이 실현될 수 있고 전체가 살아있게 유지하는 과정을 배열할 수 있게 된다.

다른 종들과 달리 우리 인류는 기관의 자율운동에 만족하지 않았다. 인류는 스스로 유전형질에 새겨져 있지 않은 기록들을 써 내려가고 있다. 인류는 자신의 고유한 자율 행동으로 원자가 아니라 개념으로 만들어진 보물창고를 가지고 있다. 본성은 당사자가 아니라 그 구조의 증거에 불과하다. 이 보물창고는 또한 본성에 보존되어 풍부해지고 전달되어야 한다. 각각의 인간 사회는 축적된 보물창고 전달을 보장하는 과정을 수정하고 그렇게 할 수 있도록 교육에 참여하는 행동 전체를 활용한다.

다른 무수히 많은 별들 중 하나인 지구에서 살고 있는 하찮은 존재인 개개의 인간이 객체에서 인류 공동체에 편입된 덕분에 자기 자신이 되는 주체로 변화시킬 수 있게 하기 위한 것이 교육시스템이다. 인간을 객체에서 주체로 변화시키기 위해 교육시스템은 어린아이가 스스로에게서 벗어나도록 인도하고 교육시켜 스스로 존재함을 알도록 그리고 '나'라고 말하도록 가르친다. 교육 시스템은 어린아이가 성숙한 인간이 되어가는 과정에 참여하는 것이다.

인류 공동체는 구성원 개인들을 단순한 산술적 합계가 아니라 개인들이 자신들 사이에 확립하는 관계의 총체이기도 하다. 도표로 이러한 공동체를 나타내기 위해선 하나의 점으로 각각의 인간을 표시하는 것으론 충분치 않으며 서로를 향하는 화살표를 그려 넣을 필요가 있다. 뒤얽혀 있는 화살표 속에 공동체의 실재가 존재한다.

교육한다는 것은 이러한 관계에 내용을 부여하고, 상호성을 만들어내고 각각의 개인들에게 공동체 보물창고의 수탁자들 중 한명이기를, 공동체의 보물창고를 풍요롭게 하는 사람이

기를, 또한 다음 세대에 대한 증거의 전달자이기를 권하는 것이다.

수백만 년 전 인류가 다른 영장류에서 분화되었을 때 인류의 보물창고는 초라했다. 인류의 보물창고는 인간의 노력과 성공 덕분에 조금씩 풍요로워지게 되었다. 불을 다루는 능력은 분명 이러한 보물함에 맡겨진 최초의 보물들 중 하나였다. 당시 불을 다루는 능력을 전하는데 거의 어떤 어려움도 없었다. 몇 가지 방법, 몇 가지 손놀림이면 충분했다.

현재 우리는 오랜 선조들처럼 단순하지 않다. 인류가 물려받은 보석함은 우리보다 앞서 살았던 사람들의 노력과 상상력의 결실인 엄청난 보물로 넘치고 있다. 사람들은 놀랍도록 창조적이고 자비롭다. 자기 앞에 펼쳐진 현실에 맞서 인간들은 언제나 더 날카로운 의문을 제기하고 늘 더 타당한 설명을 제시했다. 인간은 이성이란 도구를 조정해 진보해왔다. 인류는 '사피엔스 sapiens'가 되었으며 과학을 발전시켰다. 우주의 다양성을 접한 인류는 그것을 아름답다고 느끼는 상상을 했고 더 아름답게 할 수 있는 대상을 창조하며 예술을 발전시켰다. 알려지지 않은 것들에 대해 그리고 특히 시공을 넘어선 '내세'라는 알 수 없는 것들에 대해 인간은 불안을 느끼고 희망을 생각해냈다. 다른 사람들과 자신이 행복해지고자 사랑을 추구했다.

우리의 재량에 맡겨져 우리가 전달하게 될 보물창고는 단순히 재고조사를 하는 것만으로도 삶의 지속 이상을 필요로 하는 것과 같은 풍요로움과 다양성을 갖고 있다. 그것을 보존하고 한 세대에서 다음 세대로의 전달을 보장하는 것은 모든 공동체의 중요한 관심사이다. 공동체의 모든 힘은 우리가 가진 보물창고의 보존과 전달에 도움이 되어야 한다. 따라서 이상적인 도시는 모든 것이 학교인 도시이다.

그것은 기술적 수정을 필요로 하는 공동체적 과업일 수밖에 없을 것이다. 하지만 중요한 것은 교육이 교육 전문가들에게만 맡겨질 수 없다는 사실이다. 교육 전문가들은 효율성에 대한 집착 때문에 교육의 합목적성을 잊을 위험이 너무 크기 때문이다.

| 기술 혹은 예술로서의 교육 |

자기 자신이 되어가기 위해 어린아이는 타고난 것과 환경적인 것을 이용한다.

인간은 가까운 다른 동물 종들처럼 타고난 것의 풍요로움과 장애물을 찾아내야 하며 특히 자신의 유전형질에 의해 프로그램되어 있는 자기 몸의 변화를 감수해야 한다.

인간의 환경과 관련된 작용은 더 복잡해진다. 인간의 환경도 풍요로움을 주며 몇몇 장애물들을 제시하지만 다른 한편으로 살과 뼈로 이루어진 개인이 의지를 갖고 계획하며 자립할 수 있는 성숙한 인격으로 변화할 것을 자극한다. 성숙한 개인으로의 변화는 주위 사람들이 유도하기도 하지만 자신의 주체적 참여로 완성된다. 그는 주어진 역할을 하는 배우이자 즉흥적으로 대본을 쓰는 작가이기도 하다.

물리학자들의 말처럼 최초 상태에 대한 지식이 그것을 추론하여 앞으로의 상태를 분명히 할 수 있을 만큼 분명하지 않다는 의미에서 한편으로 생물학적인 것과 다른 한편으로 문화적인 것, 한편으로 결정론자들과 다른 한쪽으로 불확실성과 같은 뒤얽혀있는 요소들의 작용이 교육을 '혼란스러운' 과정으로 만들고 있다. 기상학자들은 '혼란 chaos'이라는 개념을 '나비 효과'라는 비유를 들어 설명하고 있다. 다시 말해서 뉴질랜드에서 나비가 날개 짓을 하면 텍사스에서 플로리다로 태풍을 이동시킬 수 있다는 것이다. 상호작용의 흐름은 최초의 원인과 공통된 기준이 없는 변수 차원의 사건들을 불러일으키기 때문이다. 기상학자들은 이로부터 계산 방법이 아무리 발전해도 1주일이나 2주일 후의 날씨를 전혀 예측할 수 없다는 결론을 끌어냈다. 기후와 관련된 다양한 원인들을 완벽히 알 수 있다 해도 그 원인이 결합된 작용의 결과는 예측할 수 없다. 중학교 2학년이면 일식이 오는 순간을 거의 예측할 수 있다. 단기간에는 카오스를 전혀 발생시키지 않는 중력만이 개입하기 때문이다. 하지만 공교롭게도 구름 때문에 일식을 관측할 수 없게 될지 여부는 예측할 수 없다. 구름의 움직임은 여러 가지 원인에 좌우되고 필연적으로 '혼란스럽기' 때문이다.

확인된 대기 변화는 어린아이의 몸에서 성숙된 인격이 나타나게 되는 많은 변화보다는 훨씬 더 분명하다. 변화는 원인과 결과를 연상하게 하는 습관적인 논증들을 빗나가게 하는 본질을 가지고 있다. 모든 교육 과정은 나비 효과의 역설에 따른다. 주위 사람들의 눈에는 사소하게 보이는 사건이 당사자인 어린아이나 청소년에게는 최초의 사건과는 전혀 다른 차원의 개인적인 연쇄반응을 불러일으킨다. 예들 들면 사소한 모욕이 내면화될 수 있으며 참을 수 없는 경멸의 표시로 지속적으로 느껴지게 된다. 이러한 모욕은 모욕에 대한 기억을 연상시키는 이미지에 의해 증폭되어 결국은 설명할 수 없는 행동으로 표출될 수 있다. 우리는 2005년 11월에 파리 근교에서 '하층민'이라는 단어가 집단적 모욕으로 들려져 일련의 폭동을 불러일으켰을 때 이 같은 사실을 확인했었다.

분명 기상학자들이 구름에 대해 갖고 있는 것보다는 교육자가 젊은이에 대해 더 많은 영향력을 갖지만 그렇다고 사용법에 따라 사용하기만 하면 분명 효율적 기능을 수행하는 도구를 가진 기계공처럼 단순한 것은 아니다. 교육자의 길은 예술가의 길과 더 가깝다. 교육자와 예술가는 참을성 있게 자기 직업의 노하우를 축적하고, 손놀림을 배우고, 동료의 조언에 귀를 기울이며 창조하는 순간 그 모든 것을 잊어버린다.

교육은 예술과 비슷하다. 교육은 늘 새로운 만남을 불러일으키며 앞으로 나아가는 끊임없는 창조다. 교육자는 매순간 자신이 가르치는 과목에 대한 이해력과 교육경험에 의지할 수 있다. 하지만 무엇보다 교육자는 학생이든, 학급이든, 강의실에서든 서로 맞서고 있는 상황에 놓여있다고 느낀다. 얼굴을 대하고 서로 마주 서 있는 것, 이러한 지성의 만남은 증거물을 전달한 순간, 공동체적 보물창고를 공유하는 순간이다. 이러한 기능에 비하면 교육활동의 다른 모든 목적은 하찮은 것이다. 젊은이가 약간 더 인간적이 되도록 돕는 것, 다시 말해서 이 보물창고의 추가적 부분에 대한 공동소유자가 되도록 돕는 것이다.

따라서 교육 시스템은 사람들이 가르치고 만남의 기술을 실천하는 장소로 정의될 수 있다.

| 만남의 기술 |

유감스럽게도 "너는 왜 학교에 가지?"라는 질문에 대한 답변은 대개는 이러한 자명한 이치와는 큰 차이가 있다. 가장 역설적인 답변은 "학교에 가는 것이 의무이기 때문입니다."라는 것이고 가장 절망적인 것은 "활동적인 삶을 준비하기 위해서 입니다."라는 답변이다.

어떤 착오 때문에 우리 사회는 학교에 가는 것을 하나의 의무로서, 따라야 할 하나의 고역으로 제시하고 있는 걸까? 아프리카 어린이들에 대해 생각해보자. 학교에 다닐 수 있는 기회를 갖고 학교의 도움을 받기 위해 매일 수 킬로미터를 걸어가는 사람들은 학교에 가는 '의무'에 대해 다른 생각을 가지고 있다. 그들은 고대 그리스인들을 알지도 못하면서도 학교는 'skholé'(한가로움)라는 단어로 가리켜졌었던 것에 대해 고대 그리스인들과 같은 시각을 갖고 있다. 'skholé'라는 단어는 직업과 걱정거리에서 벗어난 자유로운 상황을 연상시키며 그것은 노동의 면제를 의미했다. '의무교육'은 어린아이들에게 학교에 가도록 강요하는 것이 아니라 어린아이들의 주위 사람들 그리고 우선적으로 어린아이들의 부모에게 어린아이들이 학교교육에서 도움을 받을 수 있게 도와주도록 의무 짓는 것으로 이해되어야 할 것이다.

'활동적 삶'이라는 답변에 대해 말하자면 이 말은 최악의 반대의미를 야기하고 있다. 물론 사람들은 누구나 살면서 사회의 신진대사가 필요로 하는 활동에 참여해야 한다. 하지만 인생에서 유일한 역할, 우리가 조금씩 줄어들게 되기를 희망할 수 있는 역할은 재화의 생산과 분배 다시 말해서 경제에 할애되고 있다.

어쨌든 그 점을 분명히 해야 할 필요가 있다. 교육 시스템의 기능은 아이를 제물로 바쳐 모시는 셈족의 신처럼 경제시스템이 필요하다고 주장하는 유능한 남자와 여자를 경제 시스템에 공급하기 위한 것은 아니다. 교육 시스템의 목적은 다른 결정적인 과업과 관련이 있다. 각각의 아이들이 다른 사람들과의 만남으로 자기 자신이 되어가도록 돕는 것이다.

| 현재와 미래의 삶

게다가 '활동'이란 표현은 기만적이다. 취업이라는 경제 활동은 경제학자들이 국민 총 생산을 계산할 때 고려하는 경제활동기간만을 고려하는 것으로 받아들여지기 때문이다. 마치 중학생들은 회사원만큼 활동적이지 않다는 듯, 마치 중학생들의 하루는 회사원들의 하루만큼 선택들이나 문제해결이 필요한 사건들로 이어져있지 않다는 듯, 마치 중학생들의 책가방은 회사원들의 작은 서류가방 만큼 활동성을 드러내고 있지 않는다는 듯이 말이다.

어린 시절을 소위 경제 활동 준비기간으로 보는 것은 인간의 삶을 순차적 단계로 하나를 다른 것에 끼워 맞추는 일련의 기다림으로 축소하는 것이다. 그 때 유치원은 초등학교를 준비하기 위한 것이고 초등학교는 중학교를 준비하기 위한 것이며 중학교는 고등학교를 준비하기 위한 것이고 고등학교는 대학교를 준비하기 위한 것이다. 이런 식으로 은퇴에 이르기까지 준비하기 위한 과정이 반복된다. 대단히 고맙지만 그만 됐다!

물론 학교는 사람들이 자신이 되어가는 가능성을 발견하는 장소다. 하지만 이러한 되어가기가 현재의 삶을 배제하는 것이어서는 안 된다. 학교에서 앞으로의 모험을 준비하는 것이 합리적이기는 하지만 그렇다고 학교에서 살아가는 것을 잊어버려서는 안 된다. 사람들이 학교에서 시간이나 공간에 갇혀있다고 느껴서는 안 된다. 사람들은 누구나 학교에서 자신의 자유를 만들어 간다. 학교에서 나름의 자유를 만들어야 한다는 것은 학교에서 어떤 역할이든 자신의 역할을 수행하고 있는 모든 사람에게 해당되는 말이다. 어린 사람과 마찬가지로 젊은이는 물론 나

이든 사람들에게도, 교육을 받는 사람은 물론 교육을 하는 사람
에게도, 교사는 물론 학생들에게도 이것은 진실이다.

미래를 생각해낸 것은 인간의 가장 위대한 발견들 중 하나다.
하지만 인간은 미래를 위해 지나치게 현재를 희생한다는 관점
에서 미래를 남용해선 안 된다. 현재와 미래 사이의 균형은 변
함없이 유지되어야 한다. 삶이라는 예술의 목표들 중 하나인 이
기술은 사람들이 학창시절부터 실천해야 하는 것이 아닐까?

| 활동적인 삶, 성적매기기와 복종

하지만 '활동적인 삶'이라는 기준은 현재와 미래 간에 이루
어진 균형의 단절보다 훨씬 더 왜곡된 결과를 가져온다. '활동
적인 삶'이라는 기준은 사회는 만들어지고 있는 중인데도 이미
규정되어 주어진 것으로 제시된 사회에 대해 복종적인 태도를
은밀하게 주입시킨다. 그리고 내일의 사회를 만들어가는 사람
들은 당연히 오늘 학교가 육성하고 있는 사람들이다. 학교가 복
종적 기질에 따라 학생들을 선발하여 복종을 권유한다면 자기
보존적인 타락한 악순환이 되풀이되며 바람직한 것과 실재 사
이의 괴리를 강화하면서 세대마다 이전 세대의 오류를 되풀이
하는 길로 향하도록 방향 짓는 것이다.

희망 없는 악순환에서 벗어나기 위해선 교활하게 우리를 거짓된 도식에 사로잡히게 하는 태도에 대해 알아보는 것이 유용하다. 수치화된 평가와 석차 매기기에 대한 집착은 분명 가장 위험한 것들에 속한다.

우리는 모든 것을 수치화하려는 습성에 너무 배어있기 때문에 그 의미에 대해 의문을 품는 것조차 잊고 있다. 하지만 모든 것을 수치화하는 것에 의문을 가져볼 필요가 있다.

"3유로어치의 양배추 더하기 2유로어치의 당근은 얼마일까?"에 답하는 것은 합리적일 수 있다. 하지만 "2킬로그램의 양배추 더하기 3유로어치의 당근은 어떻게 될까?"라는 질문에 답하려 하는 것은 비합리적이다. 여기서 '더하기'는 분명하지 않다. 제시된 숫자들이 같은 차원에서 상응하지 않기 때문이다. 초등학교를 다닌 사람이라면 누구나 알 수 있는 사실이다. 수치화된 점수를 주어 그 질문에 답하는 채점자에게 "이런 답안지가 무슨 의미가 있죠?"라고 반문할 필요가 있을 것이다. 채점자들은 아주 심각한 논리적 오류로 잘못을 저지르고 있다. 채점자들은 자신들이 매긴 점수로 양배추의 킬로그램과 당근의 유로라는 아주 이질적인 정보를 고려했다고 주장하기 때문이다.

예를 들어 작문에서 이러한 정보들은 철자법(정확히 틀린 숫자로 측정될 수 있다)이 뒤죽박죽이긴 하지만 문체, 추론의 미묘함, 생각의 독창성, 기본적 개념들에 대한 이해, 측정될 수 없는 온갖 특징들이 뒤섞여 있다.

그런데 점수는 숫자이고 숫자들은 측정하기 위해 발명되었다. 그런데 답안지에 매겨진 90점이나 60점이 잘 측정할 수 있는 것이 무엇일까? 어떤 답변도 할 수 없다. 따라서 채점자는 정신착란이나 더 심한 경우 집단 기만의 현행범으로 체포된다. 채점자는 답안지의 '가치'에 대한 질문에 답했다고 주장하며 그는 사실상 은연중에 그리고 무의식적으로 또 다른 것에 답하고 있을 것이다. 채점자는 다음과 같이 반문할 것이다. "현실적으로 혹은 잠재적으로 내가 채점할 답안지 서열에서 이 답안지는 몇 번째 순위일까?"

중요하지만 공개적으로 밝혀지지 않은 숫자화 된 평가의 정당화는 점수로 순위를 매길 수 있다는 사실이다. 숫자화 된 평가는 어떤 의견을 표현하기 위해 숫자로 일반화된 수단을 설명하고 있다. 그런데 교육은 순위를 매길 필요가 없다. 갑이라는 학생이 을이라는 학생보다 '더 뛰어나다'라는 기록이 어디에 도움이 되겠는가? 사회가 순위의 필요성을 제멋대로 요구하고 있다. 순위를 요구하는 사회는 사실상 개인들에게 다양한 서열에 복종하게 하는 지적나태에 만족하도록 권하고 있는 것이다. 숫자화된 평가는 인생은 일련의 선발로 요약된다라는 사실을 우리가 인정하게 하고 있다. 학교가 진정한 역할을 한다면 오히려 개별적 학생의 창조적 잠재력을 고려하게 될 것이다.

| 학교 교육의 테일러리즘

결국 활동적 삶이라는 기준은 학교에 대해 어떤 프로그램에 의해 정의된 모델에 부합하는 뇌 생산을 담당한 공장이라는 이미지를 띠게 할 위험이 있다. 이것이 다양한 교육 시스템 관계자들이 테일러리즘의 끔찍한 승리라고 규탄하고 있는 것이다.

프레드릭 테일러는 20세기 초 노동의 과학적 조직화를 개발해 연속작업을 일반화한 미국의 엔지니어이다. 테일러리즘은 기업의 재무결과가 개선되는 최대생산성을 가져오기는 했지만 노동자측의 모든 창의력을 말살하는 결과를 가져왔다. 비인간화된 노동을 대가로 효율성이 증가된 것이다. 『학교 교육의 테일러리즘에서 살아있는 교육 시스템으로 Du tayorisme scolaire à un système éducatif viavant』의 공동저자들 중 한명인 베르나르 콜로 Bernard Collot에게 오늘날 학교에서 부딪치게 되는 어려움의 상당부분은 교육의 테일러주의적 비전에서 비롯되었다. 교육에 대한 테일러주의적 비전에 따르면 교육의 기능이 틀에 짜 맞추어진 지성인들을 공급하는 생산 공정으로 이해될 위험이 있다. 교육이 활동적인 삶으로의 주입으로 제시될 때 은연중에 교육에 대한 테일러주의적 비전이 받아들여지고 있는 것은 아닐까? 정확하게 규정된 물품을 생산하려 하는 엔지니어의 사고방식이나 최대 수익을 얻으려 노력하는 회계원이나 경제학자들의 관점으로 교육에 대해 생각하는 것은 대단히 위험하다.

그런데 엔지니어나 경제학자들은 학교에서 일어나고 있는 일에 대해서는 아무 것도 모르고 있다. 따라서 사람들이 변화와 관련해 학교에 대해 기대하고 있는 것에 대해 합의를 이루는 것으로 시작할 필요가 있다. 우리 인간을 예외적인 경우로 만드는 것이 이러한 변화의 가능성이다.

| 배우기와 이해하기 |

변화의 잠재력을 여실히 보여주고 있는 것들 중 하나는 흔히 혼동되고 있는 배우기와 이해하기라는 두 가지 활동 간의 차이이다. 배우기와 이해하기는 바로 세계를 이해하고 싶어 하는 우리의 욕망이 우리를 초대하는 향연의 두 가지 기본적 요소이지만 배우기와 이해하기는 전혀 다른 자세와 관련이 있다.

'배우기'는 쉬우며 배우는 것은 제시된 질문에 답하고 흔히 일상적인 결정을 내리는 것으로 충분하지만 배우기에 만족하는 것은 잔치 상에서 떨어진 부스러기를 먹는 것으로 만족하겠다는 것이다. 뉴질랜드의 수도가 웰링턴이라거나 π가 숫자로는 3.1416으로 쓰여진다는 사실을 우리의 정보 창고에 추가하는 것은 당장에는 유용할 수 있지만 어떤 새로운 사고방식의 전환도 일어나지 않는다. 사실상 암기력의 유용성은 특히 잘 암기하고 있다는 사실을 확인하기 위해 짜여진 시험의 경우에 전혀 드러나지 않는다. 그 때 이러한 기억들은 소화되지 못하고 우리의 지적 구조와 동떨어져 기억 속에 장광설이 되어 자리 잡게 된다. 암기력은 더 이상 일련의 발견이 아니라 우리의 기억 창고에 쌓은 하찮은 자료들의 축적에 불과할 뿐이다.

'이해하기'는 때로 따분한 오랜 노력을 필요로 하지만 이러한 노력은 실제적으로 음식의 맛을 음미하고 새로운 맛을 즐길 수 있게 해 준다. 이해는 우리가 새로운 개념으로 새로운 사고의 흐름을 제시하는 사람들의 즐거움을 공유하고 가까이 하기 어려운 실재를 향해 한 걸음 더 내디딜 수 있게 해 준다. 이러한 즐거움은 흔히 접근하기 어렵다는 사실을 인정해야 한다. 예를 들어 훈련 삼아 뉴질랜드의 사례를 다시 생각해보자. 몇 초만 배우면 뉴질랜드의 수도 이름을 알 수 있게 된다. 반면 매순간 인류 전체를 두 가지 범주로 나누고 있는 뉴질랜드 수도 약간

동쪽에 있는 "날짜 변경선"의 통과가 의미하는 것을 이해하기 위해선 오랫동안 고민할 필요가 있다. 이 날짜 변경선을 기준으로 같은 날 인류의 절반은 오늘이 목요일이라고 생각하고 남은 절반의 사람들은 오늘이 벌써 금요일이라고 믿는다. 마찬가지로 π라는 숫자가 두 가지 길이(원주와 반지름)의 관계에 못지않게 두 가지 면적(원의 면적과 반경에 성립되는 정사각형의 면적)의 관계를 측정하는 것을 증명하기 위해서도 아주 치밀한 사고를 필요로 한다. 또한 숫자들이 수를 기록하기 위해 고안되었지만 π의 수는 숫자라는 수단으로 쓰여질 수 없다는 사실을 이해하기 위해선 훨씬 더 큰 노력을 필요로 한다.

교사가 어떤 정보가 습득되었는지 검증하는 것 —— 그 정보를 재생하여 암송하는 것으로 충분하다 —— 은 쉬운 반면 어떤 새로운 개념이 이해되었는지 확인하기는 어렵다. 교육을 받은 사람도 교사나 친구 같은 다른 사람들의 질문에 답하거나 의문을 제기함으로써만 자신이 이해하고 있다는 사실을 분명히 할 수 있을 뿐이다. 우리는 누구나 우리의 지적 여정이 순차적 단계이거나 논리적으로 계속 이어지지 않는다는 사실을 확인할 수 있다. 오히려 우리의 지적여정은 무수한 갈지자걸음이거나 때로는 교류를 통해 뒷걸음질칠 수도 있다.

우리의 세계관은 다양한 조각들이 혼란 속에서 일련의 우연으로 윤곽이 분명해지는 전혀 완성되지 않은 그림과 비슷하다. 이해한다는 것은 그림을 완성해가는 매 단계에서 인접한 조각들의 의미를 변화시키는 새로운 조각을 위한 자리를 발견하는 것이다. 그렇다고 우리의 세계관이 사람들이 재현하는 퍼즐은 아니다. 세계관의 궁극적 이미지는 이미 존재해있는 것이 아니기 때문이다. 우리의 세계관은 차라리 매번 새로운 붓질을 할 때마다 더 긴밀하게 결합되는 우리가 완성해야 할 점묘화라 할 수 있다.

설명하고 이해시킬 책임이 있는 교사는 소크라테스의 표현에 따르면 산파역할을 한다. 교사는 배에서 어린아이를 꺼내는 것이 아니라 뇌에서 이해력을 꺼내는 것이다. 따라서 이해력은 외부에서 야기되지만 이미 준비된 음식은 아니다. 이해력은 자신의 고유한 어려움과 투쟁한 지성의 산물이다. 심각하고 때로 극복할 수 없어 보일 때도 이러한 어려움은 지능이 부족하다는 표시가 아니라 오히려 전혀 만족할 수 없는 내적인 엄정성의 표명이다. 따라서 이해력이 더디다는 것은 차라리 유리한 징후다. 새로운 생각을 자신의 것으로 만드는 것과 관련될 때 빠르다는 것은 걱정스러운 일이다. 빠르다는 것은 피상적이라는 말과 동의어일 수 있기 때문이다. 이러한 주장을 설명하기 위해 산술과 나이를 먹는다는 것 이 두 분야에 대해 생각해 보기로 하자.

| 산술

우리가 하는 수학 놀이는 어떤 물질적 토대를 필요로 하지 않으며 인간이 발명한 개념들만을 활용한다. 이러한 개념들 중 수, 직선, 원 등과 같은 몇 가지는 아주 쉽게 정의된다. 수렴급수, 편도함수, 테서 등과 같은 다른 것들은 더 오랜 사고의 진전을 필요로 한다. 고급 수학은 예측과 작용을 할 수 있게 하는 아주 사실적인 실재에 대한 묘사에 기본적인 요소들을 제시하고 있다. 하지만 고급 수학은 실재에 대한 하나의 이미지만을 만들어낼 뿐이다. 과학자가 고급 수학을 활용할 때 그는 마그리트 그림의 예를 따르게 될 것이다. 마그리트의 그림들 중 하나는 〈이것은 파이프가 아니다 Ceci n'est pas une pipe〉라는 제목으로 파이프를 묘사하고 있다. 이 그림이 묘사하고 있는 것은 실재가 아니다. 단지 언젠가 이 실재에 이르고자 하는 것이 아니라 끊임없이 이 실재에 다가가고자 하는 열망을 가진 실재의 모델일 뿐이다. 수학은 이러한 실재에 접근하기 위해 편력했던 실마리들 중 하나다.

수학을 배운다는 것은 세계와 우리의 세계관 사이에서 숨바꼭질을 하는 것과 관련이 있다. 경험에 따르면 이러한 놀이는 실재에 영향을 미칠 수 있게 하지만 이렇게 얻어진 실효성은 부수적 이익이라고 할 수 있는 보너스처럼 부차적 산물에 불과하다. 본질적인 것은 놀이 그 자체이다. 가장 단순한 산술이라는 과목으로 예를 들어 보기로 하자. 산술의 기본 개념은 수이다. 수를 어떻게 정의할까? 어떤 수학자들은 다음과 같은 훈련방법으로 수를 정의할 것을 제안하고 있다.

"여기에 두 무더기가 있다. 한 무더기는 숟가락들이고 다른 한 무더기는 포크들이다. 이 두 무더기를 구별할 수 있겠나?"

"물론입니다."

"내가 숟가락 몇 개와 포크 몇 개를 빼내어도 그 차이를 알 수 있겠나?"

"당연하지요."

"내가 자네에게 계속 질문을 하며 매번 몇 개의 숟가락과 포크를 빼내고 있네. 더 이상 아무 것도 남지 않게 되는 순간이 와도 자네는 그 차이를 구별할 수 있겠나?"

"생각을 해보죠. 구별할 수 없습니다. 모든 요소가 제거된 포크 무더기와 모든 요소가 제거된 숟가락 무더기 사이에 차이는 존재하지 않습니다."

"잘했네. 자네는 두 개의 첫 번째 수들을 정의한 셈이네. 0은 공집합이고 1은 공집합들의 집합이지. 그것은 자네에게 비어 있지 않으며 자네는 그것에 대해 기본적 요소들 모두는 동일하다고 주장했네."

이런 설명이 혁신적이라는 사실을 인정하자. 그는 최초의 수가 1이 아니라 0라는 사실을 증명했기 때문이다. 다시 말해서 부재는 셈의 출발점이다. 물론 수를 정의하기 위해 다른 식으로 설명할 수는 있지만 이는 양치기들이 자기 양을 셀 수 있도록 하는 도구(산술의 역사에 부합하는)로서가 아니라 추상적 관념을 갈망하는 인간들이 발명해낸 개념으로써 수를 채택한 것으로 다른 사람의 감탄을 자아내는 데나 쓸모가 있을 뿐이다.

| 속도와 나이

속도가 하나의 가치인 우리 사회에서 학교에 대한 바람은 이해력에 대해 지나치게 고려하지 않고 지식을 전달하는 것이다. 이는 미묘한 맛을 잃고 특히 식욕을 자극하지 않는 냉동식품에 만족하는 것이다. 속도의 마력과 싸우기 위해선 교사들의 생각에서 과도한 역할을 하고 있는 기준인 교육을 받는 학생의 나이에 의문을 제기하는 것이 유용하다.

우주의 기원이든 의식을 가진 인간의 기원이든 기원의 정의에 대해 보았던 것처럼 시간이라는 기준은 자의적이며 대수의 수학적 개념에 의지하는 것이 우리의 사고에 도움이 될 것이다.

대수의 수학적 개념은 지속의 느낌을 분석함으로써 다른 논리적 경로로 인도될 수도 있다.

우리는 열 살 때부터 다음 생일을 기다리며 한해를 보낸다. 이 때 기다리는 1년은 길게 느껴진다. 우리 나이의 사람들은 60살에서 66살에 이르는 6년을 기다렸던 기억이 있으며 이 기다림은 아주 짧게 느껴졌다. 이러한 사실을 고려한다면 측정된 지속 기간의 상대적 편차(그리고 절대적 편차가 아니다)로 우리의 삶의 단계들을 특징짓는 두 가지 사건 사이에서 느껴진 지속 기간을 정의하는 것이 합리적이다. 다시 말해서 측정된 지속 기간을 나이로 나누는 것이다. 즉 느껴진 지속기간은=측정된 지속기간/나이.

따라서 느껴진 지속 기간은 10살과 11살 생일 사이나 60살과 66살 생일 사이가 똑같다. 법적인 나이의 대수로 개인적 나이를 측정하도록 하는 것이다. 이런 기법으로 100살은 10살짜리 어린아이보다 두 번 더 '나이를 먹었을 뿐'이다(사실상 10의 대수는 1이고 100의 대수는 2다).

이러한 사실로부터 우리는 10살짜리 어린아이를 경험이 없는 개구쟁이가 아니라 이미 아주 오랫동안의 인생경험으로 풍부해진 인격체로 볼 수 있게 된다. 나에겐 이러한 새로운 시각이 훨씬 더 현실에 가까워보인다. 그리고 특히 이러한 시각은 그토록 복합적인 주체의 다양한 측면을 고려하지 않은 설명에 만족할 수 없게 한다. 예를 들어 취학 기간 중 빠르다 늦다의 개념은 그 때 다른 관점으로 나타난다. 우리의 사고에서 경쟁과 관련된 생각을 없애는 것이다. 이상적 도시 학교에서 어린아이들의 나이는 양호선생들에게만 알려지게 될 것이다.

| 시험 |

나는 학생이었고, 나는 교수였으며 어떤 시기에는 학생이면서 교수인 적도 있었다. 나는 시험을 치르고 시험을 치르게 했었다. 나는 오래전부터 교육 시스템 전체에서 시험의 폐해를 알고 있었지만 시험은 아직도 중심축으로 받아들여지고 있다. 시험의 폐해는 사회와 학교에서 아주 다른 현실을 지칭하는 단어의 모호성 때문에 강화되었다.

| 사회에서의 시험

시험은 특히 사람들이 어떤 물체나 존재의 현실에 대한 우리의 지식을 향상시키려 노력하는 행위를 가리킨다. 사회 조직 속에서 지식은 특히 개인들이 능력을 발휘해 주어진 역할에 잘 적응할 수 있는 조건이다.

아주 다양한 형태의 시험들이 이러한 적응과 관련이 있다. 시험은 유권자들이 모여 있는 곳에 가 선거운동을 하는 후보자처럼 시험관, 판사 앞에서 행하는 고전적인 형태를 취할 수 있다. 마찬가지로 기업에서 단계적으로 이어지는 직급은 경력을 결정할 수 있게 하는 시험과 같은 것이다.

과정이 어떻든 모든 형태의 시험은 사회적 역할을 담당하고 싶어 하는 사람들을 찾아내는 통찰력에 도움이 되는 수단이다. 이것은 특히 공부를 끝내고 일자리를 찾아 지원하는 사람들의 경우다. 그들의 능력을 검증한 후에야 병원들은 젊은 의사를 고용하고 학교는 새로운 교사들을 충원하는 게 일반적이다.

능력이 밝혀진 후보자들의 수가 필요한 인원보다 많을 경우에 저항할 수 없는 힘이 선발 방식을 채택한다. 어떤 명목으로 어떤 사람은 받아들이고 또 다른 사람은 배제하는 것일까? 이러한 의문에 대해 우리는 합리적인 답변은 존재하지 않는다는 사실을 인정해야 한다.

가장 모순되지 않은 태도는 채용자 수를 일할 수 있는 능력을 증명한 지원자 수에 일치시키는 것이 될 것이다. 우리 사회의 경직성은 이런 방식을 취할 수 없게 하는 것처럼 보인다.

사실상 선발 행위가 어떤 객관적 논거에 근거하지 않고 있다는 결론을 이끌어내기 위해선 필요한 능력을 갖췄다는 것을 증명한 후보자들 가운데서 우연에 맡겨 선발하는 것이 합리적일 것이다. 우연을 이용하는 것은 원한을 불러일으키지 않는다는 커다란 이점을 갖게 된다. 우연은 정의롭지도 정의롭지 않은 것도 아니다. 우연에 의한 선발 방식은 예전에 프랑스에서 군인을 충원하는 중요한 결정에 활용되었다. 20세의 징집 대상자는 시청에 가 '번호를 뽑는다.' 뽑은 번호가 좋은 번호인지 나쁜 번호인지에 따라 군복무를 면제 받을 수 있는지 여부가 결정되었다.

이상하게도 어떤 책임을 전제로 하지 않는 이런 절차는 최고를 선발하는 순위가리기로 여겨지는 경쟁이라는 다른 방법을 위해선 거의 활용되지 않고 있다. 앞에서 보았듯이 모든 순위 매기기는 현실을 배반할 수밖에 없는 일차원적 설명을 필요로 한다. 따라서 '더 낫다'는 개념은 의미가 없는 것이다. 이러한 명백한 사실에도 불구하고 책임자들은 자신들의 결정에 어떤 과학적인 겉모습을 띠게 하기 위해 습관적으로 여러 가지 시험 과목의 숫자화된 점수로 선발을 정당화함으로써 선발의 자의성을 위장하는 것을 더 선호한다. 수와 다소 더 복잡한 사칙 연산의 존재는 객관적 논거가 없다는 사실을 숨기는 가리개에 불과한 것이다.

학교에서의 시험들

'성공하는 것'은 우리 사회에서 일반적인 강박관념이 되었고 성공은 끊임없는 경쟁에서 승리할 수 있는 우리의 능력으로 측정되고 있다. 그렇지만 분명 각 개인들의 중요한 대성공은 '나'를 내세우는 것을 자제하고 '우리'와 함께 집단적 지성에 참여하는 개인의 능력이다. '우리'는 경쟁의식에 사로잡힌 '나'의 합계보다 더 풍요롭다. 가장 풍요로워야 할 학창생활은 학교의 합목적성과 상반된 끊임없는 결여에 따른 투쟁적 태도로 오염되고 있다.

인류의 특이성은 자신의 존재를 의식한 이후 인간에 의해 축적된 의문, 답변, 창조성의 보물창고를 만들어가는 것이라는 점을 잊지 말아야 한다. 학교는 젊은이라면 누구나 이러한 자산을 자신의 것으로 삼을 수 있도록 돕기 위해 존재하고 있다. 누구든 홀로 이러한 자산을 자신의 것으로 삼을 수는 없으며 개인적인 성과들을 다른 사람들의 성과로 보충함으로써만 인류가 남긴 위대한 자산을 자신의 것으로 만들 수 있게 된다.

학생 개개인에게 줄 수 있는 도움은 본성에 따라 일어나는 학생의 끊임없는 변화를 고려해야 한다. 본성에 따른 변화는 외관상 육체의 변화만이 아니라 숨겨져 결과적으로 한층 더 풍요로운 중추 신경계의 변화다. 출생과 사춘기 사이에 중추 신경계의 변화는 평균 초당 수백만 개의 결합이 이루어진다. 학교가 되어 가기에 개입하는 것은 이러한 현실에 근거하고 있다.

따라서 학교는 성숙한 인격체가 되어가는 마법의 장소이다. 건설 현장으로 보자면 학교는 건축가이자 벽돌공이다. 교사들은 자재를 제시하고 그것의 사용법을 설명하는 것이다. 당연히 각각의 새로운 단계들은 오류의 위험을 내포하고 있다. 지성의 발전은 연속적인 조정으로만 이루어 질 수 있다. 따라서 끊임없이 최근에 뛰어 넘은 단계들을 검토할 필요가 있다. '시험들'은 어떤 분별을 목적으로 한 것이 아니며 등급을 매기기 위한 것은 더더욱 아니다. 시험들은 정확성을 조금씩 개선할 수 있게 하는 하나의 수단이다.

활력은 유리한 역할이 제대로 인정받지 못하고 있는 오류라는 우발적 사건에 의해 북돋워진다. 사람들은 오류를 범하고 나서야 더 바람직한 이해력을 향해 나아가기 시작한다. 물론 될 수 있는 데로 빨리 오류를 수정해야 한다. 프랑스나 벨기에의 신교육 단체들은 자신들의 교육방식을 "오류는 하나의 계기"라는 자명한 이치에 근거하고 있다.

이미 언급했던 푸코의 진자를 예로 들어 이 점을 설명하기로 한다. 팡테옹에선 1851년 당시의 설명서를 찾아 볼 수 있다.

즉 진자의 발명자는 진자의 면이 우주와의 관계에서 고정되어 있다고 말하고 있다. 우주는 당시 사람들이 '에테르'라 지칭했던 알 수 없는 투명하고 이상한 물질로 채워져 있었기 때문이다. 그런데 우리는 아인슈타인 이후 에테르에 대한 가설은 완전히 버려졌다는 사실을 알고 있다. 푸코의 추론은 오류에 근거하고 있었다. 그렇지만 도노구라는 가상의 도시가 실재 도시로 변화하는 것은 비록 의도적인 것이긴 했지만 오류의 결과였듯이 푸코가 범한 오류는 지구가 돈다는 경이적인 증명의 시발점이었다.

이런 관점에서 교육 과정에 도입된 시험들은 공동체를 조직화하기 위해 활용되는 것들과는 전혀 다른 본질을 갖고 있다. 일상적인 돌발적 사건들 속에 편입된 시험들은 특히 계속되는 수업이 일시 정지되는 것을 나타내는 것은 아니다. 매단계마다 학생들에게 질문하고 특히 학생들이 질문을 하도록 유도함으로써 하고자 했던 전달이 잘 이루어졌는지를 검증할 수 있다. 이는 강의나 수업이 수동적이거나 다소 수용적인 청중들 앞에서의 독백이 아니라 만남으로 체험된다는 사실을 전제로 한다.

그런데 오늘의 현실은 합리적이고 쉽게 실현할 수 있는 이런 유토피아와는 반대쪽에 있다. 학기가 순환되는 중요한 사건으로 받아들여지는 시험들은 학교생활에서 지나치게 큰 비중을 차지하고 있다. 세계적인 정보·자료제공업체 GBEN의 샤를르 프랑스터는 시험을 준비하고 그 결과를 산정하는데 초등학교와 중고등학교 12년 중 총 2년 정도를 보내고 있다고 계산하고 있다. 2년이 학생들을 돕고 그들을 발전하게 하는 것이 아니라 학생들을 분류하고 선발하고 배제하는데 불필요하게 할애되어 낭비되고 있는 것이다.

물론 관련된 의식들 때문에 시험들은 활력을 주고 노력을 정당화할 수 있다. 하지만 시험의 부정적 측면이 없는 다른 절차들이 이 역할을 할 수 있다. 중세에서 비롯된 공예가와 장인들의 조직인 콩파뉴옹 뒤 투어 드 프랑스Compagnons du tour de France에 영감을 받은 똑같은 교수법(몇몇 교육단체가 비슷한 시험을 하고 있다)은 학생들이 혼자든 팀으로든 장기간에 걸친 '걸작'을 만들어내게 유도할 것을 제안하고 있다. 작품을 만드는 기간이 오랜 기간이 소요되기 때문에 정보 수집을 전제로 하고, 많은 조언자들을 필요로 하며 비판적 역할에 참여할 필요가 있는 학생들은 자신들이 동시에 고유한 인격이라는 또 다른 걸작의 정신적 작업에 참여하고 있다는 사실을 깨닫는다.

각각의 사람을 언제나 수단이 아니라 목적으로 보라는 칸트의 조언은 널리 알려져 있다. 시험에 적용된다면 시험은 칸트의 금언에 역행하고 있다. 시험은 수단이며 목적이 되어서는 안 된다. 그런데 유감스럽게도 칸트의 금언은 현재 우리가 경험하고 있는 것은 아니다. 거의 모든 젊은이와 학부모들에게 학생은 대학 입학을 준비하기 위해 고등학교에 가며 좋은 대학을 가기 위해 학원에 등록하고 있다. 궁극적 목적에 대한 의식을 뒤바꾸는 것이 내일의 학교의 역할들 중 하나가 되어야 한다.

| 내일의 학교 |

학교에 대한 계획을 세우는 것은 사회의 상태에 대해 가설을 세우는 것이다. 우리의 계획은 '경제의 종말'을 지향하고 있으며 이를 위해 필요로 하는 인간의 방법은 교육 시스템의 몫으로 돌려지게 될 것이다. 어떤 목표를 향한 교육 시스템은 어떻게 활용되게 될까?

| 학교와 도시

학교의 역할들 중 하나는 도시에서 그것이 없다면 공동체 전체가 와해되는 내부의 평화를 유지하는데 참여하는 것이다. 공동체의 내적 평화는 각 개인이 함께 결정한 삶의 규칙들을 존중할 경우에만 지켜질 수 있다.

우리가 교육 시스템의 목적이 각각의 개인이 행동의 자유처럼 사고의 자유를 자유롭게 할 수 있는 성숙된 인격체가 되도록 돕는 것이라고 인정한다면 곧 교육 시스템이 직면하고 있는 핵심적인 모순을 발견하게 된다. 자유롭게 사고할 수 있는 능력은 공인된 사고나 의무적인 행동에 대한 반항을 전제로 한다. 그때 교육은 사상적 스승의 방식을 되풀이하거나 어떤 우두머리의 행동을 흉내 내지 않을 수 있도록 깨닫게 해야 한다. 교육은 의식과 개인적 선택을 제안한다. 교육은 복종하지 않는 것에 더 높은 가치를 부여하며 따라서 사회 영속성에 대한 위험으로 생각되어야 한다.

이러한 위험을 배제하기 위해 학교를 국가에 도움이 되게 하려는 유혹이 상존한다. 이것이 모든 독재자들이 하고 있는 짓이다. 사회와 교육의 긴밀한 결합은 당장엔 질서를 확보할 수 있지만 장기적으론 사회의 역동성이 사라지게 된다. 사회는 스스로를 비판할 수 있을 때만이 새로운 상황에 직면해 진보할 수 있기 때문이다. 따라서 사회는 사회가 안주하지 못하게 사회를 비판하는 사람들에게 표현의 수단을 부여해야 한다.

또한 사회는 과도한 자유를 행동규범으로 받아들이는 젊은 이에 대해 신중한 너그러움을 보여주어야 한다. 이러한 너그러움엔 분명 한계가 있다. 자유를 존중하지 않는 사람들의 자유를 존중해야 할까? 오래전부터 제기된 의문이며 그 답변은 늘 재발견되어야 한다. 즉 질서와 무질서 사이의 끊임없는 불안정한 균형과 관련이 있다.

여기서 범죄에 대한 당국의 태도와 비행 청소년에 대한 교육 시스템의 태도가 구별될 필요가 있다. 두 가지 태도는 서로 다른 동기를 갖고 있다. 범죄는 반드시 비난받아 마땅한 것으로 생각되고 있다. 우리 사회는 범죄와 투쟁하기 위해 어떤 조치든 취할 준비가 되어 있다. 경찰, 사법부는 '질서를 책임'지고 있는 자신의 역할을 하고 있다. 비행청소년은 만들어져 가고 있는 과정에 있는 인격체로 시행착오를 범하기도 하며 시행착오들 중 몇 가지는 그를 범죄로 이끈다. 그래도 사회에서 비행청소년에 대한 일차적인 대화 상대는 경찰이나 사법부가 아니라 학교이어야 한다.

옛날의 왕들은 그들을 수행하는 아첨꾼들을 경계하는 현명한 사람을 갖고 있었던 것처럼 보인다. 옛날의 왕들은 두려워하지 않고 가차 없이 자신들을 비판할 책임이 있는 사람들에게 자신들의 옆자리를 마련해주었다. '왕의 광인들'이라고 불렸던 이 사람들은 사실상 지혜의 대변인이었다. 왕은 사라지지만 광인의 역할은 필수적인 것으로 남아 있다. 학교는 이 광인들의 자리를 대신할 수 있어야 한다. 학교는 오늘의 현실을 문제 삼는 것에서 완전히 자유로워야 하는 장소이다. 학교는 젊은이들이 자기들의 고유한 행동에 대한 비판을 포함하여 현실에 대한 비판을 할 수 있도록 육성해야 한다. 이것이 시민정신 다시 말해서 자기 도시에 대해 충실한 최선의 수업이 아닐까?

| 학교와 가족

태어난 직후 어린아이는 자기 엄마와 구별되어 엄마와는 다른 존재라는 것을 느끼고 멀어져야 한다. 이어 어린아이는 주어진 것으로써, 자신이 끼어든 현실로써, 자신이 끼어듦으로써, 현실이 변화한다는 것을 모른 채 가족들과 접하게 된다. 어린아이가 학교에 입학할 때 이 사건은 전혀 다른 성질을 띠게 된다. 친구들과 선생님들은 불안하면서 매력적인 알 수 없는 세계에서 온 사람들이다. 어린아이가 느끼는 거리감은 가족 속에서와는 달리 어린아이가 더 까다로운 만남의 어려움을 극복할 수 있게 하는 충격을 준다. 이러한 차이는 내적 긴장의 원천으로 불편할 수 있으며 또한 어린아이에게 외교관의 재능을 활용할 수 있는 기회가 되기도 한다.

어린아이는 각각의 대상에 대해 특별한 태도를 갖는 외교관이기 때문이다. 어린아이는 같은 방식이나 같은 말이 아니라 서로 다른 방식으로 다른 말을 한다. 이는 비난받을만한 이중성이 아니라 어린아이에게서 새로 만들어지고 있는 풍부함을 분명히 하는 것이다. 어린아이가 되어가는 개성을 형성하는 것은 어린아이에게 가족이나 학교에서 한결같지 않은 제약들을 고려하게 한다. 어린아이는 상황에 따라 다른 무기를 활용하며 몇 개의 전선에서 투쟁해야 한다. 따라서 어린아이는 자신의 삶이 전개되고 있는 다양한 영역들 사이에서 일정한 분량의 난해함과 독립성을 보존할 수 있도록 인도된다.

심지어 의식을 갖기 이전에도 어린아이는 부모들의 꿈의 대상이다. 자기 아이를 학교로 인도할 때 부모들은 자기 아이가 자기들의 꿈을 실현해 줄 수 있는 도구가 되기를 기대한다. 그런데 학교는 이런 역할을 하지 않는다. 학교는 어린아이가 사전에 규정되지 않는 자기 자신이 되어가도록 돕기 위해 존재한다. 어린아이는 가족이 제시한 틀에 맞추어져 성장해서는 안 된다.

다양한 영향들 사이에서 어려운 균형을 유지하기 위해선 가족과 학교 사이에 어떤 거리가 필요하다. 어린아이는 일종의 들끓고 있는 건설현장이다. 친구, 독서, 예기치 않았던 사건에 의해 자극받은 감정들처럼 다양한 요소들이 어린아이가 성숙한 인격으로 성장하는데 영향을 미친다. 다양한 요소들이 흔히 숨겨진 채 남아 있으며 대개 언어가 부족하기 때문에 전혀 표현되지 않는다. 그래도 다양한 요소들은 지워지지 않는 흔적을 남기는 결정적인 것으로 남게 된다.

가정이나 학교에서 교사들은 그 같은 사실을 감수해야 한다. 교사들은 어린아이가 자신을 찾아가는 여정의 일부만을 알 수 있을 뿐이다. 교사의 기술은 인정받음 없이 존재하는 것이고 조심스럽게 걱정하고 성가시게 끼어들지 않는 유연한 것이다. 교사들은 어린아이가 자아의 서로 다른 모습을 자유롭게 드러낼 수 있게 하고 어린아이가 가진 비밀의 정원을 존중해야 한다.

어린아이들에게 짐승을 함정에 몰아넣었을 때 사냥꾼의 함성에 위협받는 사냥감의 처지에 있는 것처럼 둘러싸여있다고 느끼게하는 것보다 더 나쁜 것은 없다. 부모들이 전해 듣지 못할 것이라고 확신한다면 어린아이들은 교사와의 대화에 더 개방적이 된다. 가톨릭교회는 고해성사의 비밀을 신성화함으로써 고해자가 더 솔직해진다는 사실을 아주 잘 이해하고 있었다. 따라서 아이에 대한 학교와 가정 사이의 정보교환은 꼭 필요한 것으로 제한되어야 한다. 많은 소설가들이 자신의 어린시절을 말하면서 흔히 두려움으로 상기시키는 아주 유명한 학생 성적표는 학생들에 의해 밀고 수단으로 이해된다. 학생 성적표는 사라지는 것이 바람직하다.

부모들이 학교를 찾아가지 못하게 하라는 것이 아니라 부모들이 학교에서 자기 집에 있는 것이 아니라고 느끼게 하라는 것이다. 학부모들이 학교를 찾을 땐 존경심을 갖고 스스로 절제해야 한다.

인류의 특이성에 대해 나는 각각의 인간에 대한 정의는 다른 인간들을 포함하고 있다고 주장했다. 우리는 공동체의 일원이 됨으로써 완전한 인간이 된다. 학교는 가정 다음으로 어떤 공동체의 일원이 되는 중요한 장소이다. 학교에서 전개되는 활동들은 다양한 동기를 갖지만 이러한 명백한 다양성은 인류 공동체의 일원이 되어가는 하나의 목적을 향해 수렴된다.

인류 공동체의 일원이 되게 하는 기능을 따르는 것은 더 낳은 선택을 할 수 있게 하는 것이다. 예를 들어 우등생들은 우등생들끼리 뒤처진 학생들은 뒤처진 학생들끼리 학급을 구성하는 것이 좋을까? 아니면 우등생들과 뒤처진 학생들을 혼합해 학급을 편성하는 것이 좋을까? 성공과 속도를 갈망하는 우리 사회는 우등생과 뒤처진 학생들을 동류 집단으로 학급을 구성해야 한다는 주장을 채택할 위험이 있다. 하지만 동류집단으로의 분류는 모두에게 좋지 않다. 학업 진척도에 따른 분류는 '다른' 친구들과 접하면서 얻을 수 있는 풍요로움을 박탈하게 된다. 이는 그 차이가 '장애'를 이루고 있는 것으로 분류되었을 때도 마찬가지다.

유감스럽게도 학부모들과 교사들은 우등생과 뒤처진 학생을 혼합해 반을 구성하게 되면 학업 진척도가 지연된다는 사실을 지적하며 '따라오지' 못하는 학생들을 분리할 것을 요구한다. 하지만 이해의 과정에서 "아직 이해하지 못하고 있다는 사실을 아는 학생"과 "흔히 이미 이해하고 있다고 잘못 믿고 있는 학생" 간의 대화는 모두에게 유용한 단계이다. 이해력이 발전하는 방식은 여러 가지다. 당장에는 동질적인 학급이 만족스럽게 문제들을 묵살하고 모두에게 더 편하겠지만 이로운 것은 바로 이러한 문제 해결에 대한 공동체적 탐구이다. 공동체적 탐구는 함께 탐구하여 홀로 거둔 성공의 한계에 대해 밀접한 관계를 맺은 탐구의 풍요로움을 분명히 하는 경우이다.

경쟁이 아니라 상호의존관계에 근거한 교육을 확립하는 것은 몽상가의 꿈은 아니다. 상호의존관계에 근거한 이 같은 교육은 1인당 국민총생산에서 유럽에서 앞서가고 있는 룩셈부르크 대공국 같은 나라에서 현실화되고 있는 중이다. 룩셈부르크에서 2005년 시범 고등학교가 설립되었다. 이 학교의 활력은 교사와 학생들 간의 이중적 상호의존관계에 기초하고 있다. 이 학교의 모토는 '팀'이다. 이 학교에선 점수나 석차는 알려지지 않는다. 물론 학생들은 자신들의 이전 경험들을 고려해 약간 갈피를 못 잡은 채 시작하지만 곧 만남의 학교가 갖는 이점을 이해

한다.

　유감스럽게도 질서와 수익이라는 강박관념에 사로잡혀 있는 우리 사회에서 학교 문제를 쇄신하려는 시도는 거의 이루어지지 않고 있다. 현실은 차라리 전형적으로 공공의 안전을 위한 논리에 빠져 있다. 가장 걱정스러운 예는 '위험한' 다시 말해서 비행청소년이 될 수 있는 아이들을 가급적 빨리 적발해낼 목적으로 진행되고 있는 연구이다. 유치원에서부터 몇몇 전문가들은 잠재적으로 위험한 개인들을 특별히 관심을 갖고 감시할 수 있고 탐지하거나 심지어 그들을 예방적 조치로 병원치료를 받게 할 임무를 맡게 될 것이다. 이렇게 질서는 보존되게 될 것이다.

　그것이 정확히 앨더스 헉슬리가 자신의 소설 『멋진 신세계』에서 예견한 사회다. 이 사회에서 각각의 개인은 규정되고 분류되어 규격화된다. 심지어 자유를 행할 수 있는 자율적 개인이라는 개념조차 사라지게 될 것이다. 언론이 제시하고 있는 것과 같은 이러한 계획의 가장 참을 수 없는 측면들 중 하나는 젊은이의 취학 기간 전체에 대해 기록한 문서를 작성하는 것이다. 기록부나 컴퓨터 디스크에 기록된 범죄 기록의 변화인 이 문서는 사소한 사건에 대해서도 그의 과거를 되살릴 수 있게 할 것이다. 17살 때 학교에 가지 않고 놀러 다니거나 고등학교 담벼

락에 낙서를 했다면 이러한 행동은 이미 준비과정에서 기록된 성격상의 불안정성으로 접근될 수 있다. 다른 사람들의 시각에 의해 강요된 운명에 갇혀지는 것은 견디기 힘들며 이는 인간의 운명에는 더 가치 있는 것이 존재한다는 사실 즉 다른 사람이 될 수 있는 가능성에 대한 침해이다.

우리의 인생역정은 이미 기록되어 있는 것이 아니며 내일은 존재하지 않는다. 자신의 인생역정으로 미래를 만드는 것은 각 개인의 몫이다. 예정설은 몇몇 신학자들의 몫으로 내버려두고 우리가 맞게 될 페이지는 공백이라는 사실을 의식하고 다른 사람들도 이 사실을 의식하게 되도록 돕자.

이 책을 시작하면서 독일 점령기간 중학교 성적부 없이 다른 학교로 전학가면서 나에 대한 다른 사람들의 규정을 변화시키는 기회를 잡았다고 말했었다. 나는 나의 경험을 통해 사회가 개인에 대한 정보를 너무 많이 갖고 있지 않을 때만이 개인의 자유는 꽃피울 수 있다는 확신을 간직하고 있다. 이탈리아의 극작가이자 소설가인 필란델로의 주인공은 "나는 사람들이 나라고 생각하는 존재이다."라고 말했다. 더 나은 표현은 "내가 존재하기로 선택한 사람이 되어가도록 내버려 두라."이다.

"살아있는 사람들 같을까?" 이 시인의 질문은 오늘날 절망적인 답변을 유발한다. 하지만 현재 60억 인구와 80억에 이르는 이어지는 세대는 불가능한 행동에 조금 다가설 수 있는 삶의 조건들을 스스로에게 부여하게 될 것이다.

당장에 모든 것이 가능하지는 않지만 우리는 우리의 의지와 행동에 따라 덜 자멸적인 길로 들어설 수 있다. 정책결정자들은 이러한 자명한 사실을 전혀 인식하지 못하고 있다. 문제의 여건이 변화했는데도 정책결정자들은 여전히 과거처럼 추론하고 있다. 정책결정자들은 인구수와 새로운 효율성만을 고려할 뿐이다. 변화된 것은 바로 위험의 본질이다. 위험의 본질과 대면하는 것은 현재의 어려움을 넘어 먼 미래에 대한 성찰을 필요로 한다.

모든 전쟁이 종식되고 모든 증오가 약화되는 것으로 끝나고 결국엔 그 기억조차 사라진다. 언젠가 나는 끝이 없어 보이는 분쟁의 주역들 중 한 명인 야세르 아라파트를 잠시 만나 그 점에 대해 말했었다. "당신의 후손들이 이스라엘의 아리엘 샤론의 후손들과 평화롭게 살게 되어 더 이상 선조들이 왜 그렇게 격렬하게 싸웠는지조차 알게 될 수 없는 날이 10년 후가 될지, 100년 후가 될지, 1000년 후가 될지는 당신에게 달려있다. 마찬가지로 내 손자들은 나의 아버지가 베르덩에서 독일인과 왜 그토록 싸웠는지 알지 못하고 있다."

인간들 사이의 평화는 인간만이 결정할 수 있다. 평화는 가능하다. 하지만 평화는 확정되지 않았으며 최악도 가능하다. 절망적인 비관주의와 만족한 낙관주의 사이에서 유일하게 합리적인 태도는 의지주의이다. 전 인류가 질병, 이기주의, 기아, 가난, 무관심과 같은 공동의 적과 함께 투쟁하기 위해 행동하는 것은 우리의 몫이다. 인류가 마침내 누가보아도 명백한 사실, 즉 사람은 누구나 다른 모든 사람들에게서 자신의 기원을 발견할 수 있다는 사실을 받아들이게 하기 위해 행동하는 것은 우리의 몫이다.

나의 유토피아

초판 1쇄 발행일 2009년 10월 15일

지은이 | 알베르 자카르
옮긴이 | 채계병
펴낸곳 | 이카루스미디어

출판등록 제8-386호 2002년 12월 10일
136-110 서울특별시 성북구 길음동 1280번지 길음뉴타운 225-103
전화 : (070)7587-7611 팩시밀리 : (02)303-7611
E-mail : icarusmedia@naver.com

ISBN 978-89-956395-9-7 03300
값은 뒤표지에 있습니다. 잘못된 책은 구입하신 곳에서 바꿔드립니다.